BESTE MEDITERRANE REZEPTE 2022

KÖSTLICHE REZEPTE FÜR ANFÄNGER

LIA SCHWARTZ

Inhaltsverzeichnis

Mediterranes Pita-Frühstück 9

Hummus Teufelsei 11

Buchweizen-Apfel-Rosinen-Muffin 14

Kürbiskleie-Muffin 16

Buchweizen-Buttermilch-Pfannkuchen 18

French Toast mit Mandeln und Pfirsichkompott 19

Gemischte Beeren-Haferflocken mit süßer Vanillecreme 21

Schoko-Erdbeer-Cr.pe 23

Spargel-Schinken-Quiche ohne Kruste 25

Apfel-Käse-Scones 27

Speck-Ei-Wrap 29

Orangen-Heidelbeer-Muffin 31

Gebackenes Ingwer-Haferflocken mit Birnen-Topping 33

Veggie Omelett nach griechischer Art 34

Sommer-Smoothie 36

Pitas mit Schinken und Ei 37

Frühstück Couscous 39

Pfirsich-Frühstückssalat 41

Herzhafter Hafer 42

Tahini & Apfeltoast 43

Rührei mit Basilikum 44

Griechische Kartoffeln & Eier 46

Avocado-Honig-Smoothie 48

Gemüsefrittata 49

Mini-Salat-Wraps	51
Curry-Apfel-Couscous	52
Lamm- und Gemüseauflauf	53
Kräuter Flunder	55
Blumenkohl-Quinoa	57
Mango-Birnen-Smoothie	59
Spinatomelett	60
Mandel-Pfannkuchen	62
Quinoa-Fruchtsalat	64
Erdbeer-Rhabarber-Smoothie	65
Gerstenbrei	66
Lebkuchen-Kürbis-Smoothie	68
Grüner Saft	69
Walnuss-Dattel-Smoothie	70
Fruchtsmoothie	71
Schokoladen-Bananen-Smoothie	72
Joghurt mit Blaubeeren, Honig und Minze	73
Beeren-Joghurt-Parfait	74
Haferflocken mit Beeren und Sonnenblumenkernen	75
Mandel- und Ahorn-Schnellgrieß	77
Bananenhafer	79
Frühstücks Sandwich	80
Couscous am Morgen	82
Avocado-Apfel-Smoothie	84
Mini Frittatas	85
Sonnengetrocknete Tomaten Haferflocken	87
Frühstücksei auf Avocado	88

Brekky Egg - Kartoffelhasch 90

Basilikum-Tomaten-Suppe 92

Butternusskürbis Hummus 94

Schinken-Muffins 95

Farro Salat 96

Cranberry- und Dattelquadrate 97

Linsen und Cheddar Frittata 98

Thunfisch Sandwich 100

Dinkelsalat 101

Kichererbsen-Zucchini-Salat 103

Provenzalischer Artischockensalat 105

Bulgarischer Salat 107

Falafel Salatschüssel 109

Einfacher griechischer Salat 111

Rucolasalat mit Feigen und Walnüssen 113

Hähnchen-Fiesta-Salat 115

Mais- und Schwarzbohnensalat 117

Toller Nudelsalat 119

Thunfischsalat 121

Südlicher Kartoffelsalat 122

Sieben-schichtiger Salat 124

Grünkohl-Quinoa-Avocado-Salat mit Zitronen-Dijon-Vinaigrette 126

Hühnchensalat 128

Cobb-Salat 130

Brokkolisalat 132

Erdbeer-Spinat-Salat 134

Birnensalat mit Roquefortkäse 136

Mexikanische Bohnensalat 138

Melonensalat 140

Orangen-Sellerie-Salat 142

Gebratener Brokkolisalat 143

Tomatensalat 145

Feta-Rüben-Salat 146

Blumenkohl-Tomaten-Salat 147

Pilaw mit Frischkäse 148

Salat mit gebratenen Auberginen 150

Gebratenes Gemüse 151

Pistazien-Rucola-Salat 153

Parmesan-Gersten-Risotto 154

Meeresfrüchte-Avocado-Salat 156

Mediterraner Garnelensalat 158

Kichererbsen-Nudelsalat 159

Mediterrane Pfannengerichte 161

Balsamico-Gurkensalat 163

Beef Kefta Patties mit Gurkensalat 164

Hähnchen-Gurken-Salat mit Petersilien-Pesto 166

Einfacher Rucola-Salat 168

Feta Garbanzo Bohnensalat 170

Griechische Schalen aus braunem und wildem Reis 172

Griechischer Abendsalat 173

Heilbutt mit Zitronen-Fenchel-Salat 175

Griechischer Kräutersalat mit Hühnchen 177

Griechischer Couscous-Salat 179

Denver Gebratenes Omelett 181

Wurstpfanne	183
Gegrillte marinierte Garnelen	185
Wurst-Ei-Auflauf	187
Gebackene Omelett-Quadrate	189
Hartgekochtes Ei	191
Champignons mit Sojasaucenglasur	192
Eierkuchen	194
Dinosaurier-Eier	196
Paleo Mandel-Bananen-Pfannkuchen	200
Zucchini mit Ei	202
Käsiger Amish-Frühstücksauflauf	203
Salat mit Roquefort-Käse	205
Reis mit Fadennudeln	207
Favabohnen und Reis	209
Gebutterte Favabohnen	211
Freekeh	213
Gebratene Reisbällchen mit Tomatensauce	214
Reis nach spanischer Art	216
Zucchini mit Reis und Tzatziki	218
Cannellini-Bohnen mit Rosmarin und Knoblauch-Aioli	220

Mediterranes Pita-Frühstück

Zubereitungszeit: 22 Minuten

Kochzeit : 3 Minuten

Portionen: 2

Schwierigkeitsgrad: Leicht

Zutaten :

- 1/4 Tasse süßer roter Pfeffer
- 1/4 Tasse gehackte Zwiebel
- 1 Tasse Ei-Ersatz
- 1/8 Teelöffel Salz
- 1/8 Teelöffel Pfeffer
- 1 kleine gehackte Tomate
- 1/2 Tasse frischer, zerrissener Babyspinat
- 1-1/2 Teelöffel gehacktes frisches Basilikum
- 2 ganze Fladenbrote
- 2 Esslöffel zerbröckelter Feta-Käse

Richtungen:

Beschichten Sie mit einem Kochspray eine kleine antihaftbeschichtete Pfanne. Zwiebel und rote Paprika 3 Minuten bei mittlerer Hitze unterrühren. Ei-Ersatz dazugeben und mit Salz und Pfeffer würzen. Rühren kochen, bis es fest wird. Den zerrissenen Spinat, die gehackten Tomaten und das Basilikum hacken. Auf die Pitas löffeln. Top Gemüsemischung mit Ihrer Ei-Mischung. Mit zerbröckeltem Feta-Käse bestreut und sofort servieren.

Ernährung (für 100g): 267 Kalorien 3g Fett 41g Kohlenhydrate 20g Protein 643mg Natrium

Hummus Teufelsei

Zubereitungszeit: 10 Minuten

Kochzeit : 0 Minuten

Portionen: 6

Schwierigkeitsgrad: Leicht

Zutaten :

- 1/4 Tasse fein gewürfelte Gurke
- 1/4 Tasse fein gewürfelte Tomaten
- 2 Teelöffel frischer Zitronensaft
- 1/8 Teelöffel Salz
- 6 hartgekochte, geschälte Eier, längs halbiert
- 1/3 Tasse gerösteter Knoblauch-Hummus oder Hummus-Geschmack
- Gehackte frische Petersilie (optional)

Richtungen:

Tomate, Zitronensaft, Gurke und Salz mischen und dann vorsichtig mischen. Das Eigelb aus den halbierten Eiern herauskratzen und zur späteren Verwendung aufbewahren. In jedes halbe Ei einen gehäuften Teelöffel Humus geben. Mit Petersilie und einem halben Teelöffel Tomaten-Gurken-Mischung belegen. Sofort servieren

Ernährung (für 100g): 40 Kalorien 1g Fett 3g Kohlenhydrate 4g

Rührei mit geräuchertem Lachs

Zubereitungszeit: 2 Minuten

Kochzeit : 8 Minuten

Portionen: 4

Schwierigkeitsgrad : Durchschnitt

Zutaten:

- 16 Unzen Ei-Ersatz, cholesterinfrei
- 1/8 Teelöffel schwarzer Pfeffer
- 2 Esslöffel geschnittene Frühlingszwiebeln, die Spitzen behalten
- 1 Unze gekühlter fettarmer Frischkäse, in 1/4-Zoll-Würfel geschnitten
- 2 Unzen geräucherter Lachsflocken

Richtungen:

Schneiden Sie den gekühlten Frischkäse in ¼-Zoll-Würfel und stellen Sie ihn beiseite. Ei-Ersatz und Paprika in einer großen Schüssel verquirlen. Eine antihaftbeschichtete Pfanne bei mittlerer Hitze mit Kochspray bestreichen. Rühren Sie den Ei-Ersatz ein und kochen Sie ihn 5 bis 7 Minuten lang oder bis er anfängt, gelegentlich umzurühren und den Boden der Pfanne abzukratzen.

Frischkäse, Frühlingszwiebeln und Lachs unterheben. Weiter kochen und weitere 3 Minuten rühren oder nur bis die Eier noch feucht, aber gekocht sind.

Ernährung (für 100g): 100 Kalorien 3 g Fett 2 g Kohlenhydrate 15 g Protein 772 mg Natrium

Buchweizen-Apfel-Rosinen-Muffin

Zubereitungszeit: 24 Minuten

Kochzeit : 20 Minuten

Portionen: 12

Schwierigkeitsgrad : Durchschnitt

Zutaten:

- 1 Tasse Allzweckmehl
- 3/4 Tasse Buchweizenmehl
- 2 Esslöffel brauner Zucker
- 1 1/2 Teelöffel Backpulver
- 1/4 Teelöffel Backpulver
- 3/4 Tasse fettarme Buttermilch
- 2 Esslöffel Olivenöl
- 1 großes Ei
- 1 Tasse geschälte und entkernte, frisch gewürfelte Äpfel
- 1/4 Tasse goldene Rosinen

Richtungen:

Bereiten Sie den Ofen bei 375 Grad F vor. Legen Sie eine 12-Tassen-Muffinform mit einem Antihaft-Kochspray oder Pappbechern aus. Beiseite legen. Alle trockenen Zutaten in eine Rührschüssel geben. Beiseite legen.

Die flüssigen Zutaten glatt rühren. Die flüssige Mischung über die Mehlmischung geben und mischen, bis sie feucht ist. Apfelwürfel und Rosinen unterheben. Füllen Sie jede Muffinförmchen mit etwa 2/3 der Mischung. Backen, bis es goldbraun wird. Verwenden Sie den Zahnstocher-Test. Dienen.

Ernährung (für 100g): 117 Kalorien 1g Fett 19g Kohlenhydrate 3g Protein 683mg Natrium

Kürbiskleie-Muffin

Zubereitungszeit: 20 Minuten

Kochzeit : 20 Minuten

Portionen: 22

Schwierigkeitsgrad : Durchschnitt

Zutaten:

- 3/4 Tasse Allzweckmehl
- 3/4 Tasse Vollkornmehl
- 2 Esslöffel Zucker
- 1 Esslöffel Backpulver
- 1/8 Teelöffel Salz
- 1 Teelöffel Kürbiskuchengewürz
- 2 Tassen 100 % Kleie-Müsli
- 1 1/2 Tassen Magermilch
- 2 Eiweiß
- 15 Unzen x 1 Dose Kürbis
- 2 Esslöffel Avocadoöl

Richtungen:

Den Ofen auf 400 Grad Fahrenheit vorheizen. Eine Muffinform für 22 Muffins vorbereiten und mit einem Antihaft-Kochspray auskleiden. Verrühren Sie die ersten vier Zutaten, bis sie sich verbunden haben. Beiseite legen.

In einer großen Rührschüssel Milch und Getreidekleie vermischen und 2 Minuten stehen lassen oder bis das Getreide weich wird. Öl, Eiweiß und Kürbis in die Kleiemischung geben und gut vermischen. Die Mehlmischung einfüllen und gut vermischen.

Den Teig in gleich große Portionen in die Muffinform aufteilen. 20 Minuten backen. Die Muffins aus der Pfanne nehmen und warm oder gekühlt servieren.

Ernährung (für 100g): 70 Kalorien 3g Fett 14g Kohlenhydrate 3g Protein 484mg Natrium

Buchweizen-Buttermilch-Pfannkuchen

Zubereitungszeit: 2 Minuten

Kochzeit : 18 Minuten

Portionen: 9

Schwierigkeitsgrad: Leicht

Zutaten:

- 1/2 Tasse Buchweizenmehl
- 1/2 Tasse Allzweckmehl
- 2 Teelöffel Backpulver
- 1 Teelöffel brauner Zucker
- 2 Esslöffel Olivenöl
- 2 große Eier
- 1 Tasse fettarme Buttermilch

Richtungen:

Die ersten vier Zutaten in eine Schüssel geben. Fügen Sie das Öl, die Buttermilch und die Eier hinzu und mischen Sie, bis alles gut vermischt ist. Grillplatte auf mittlere Hitze stellen und mit Antihaft-Kochspray besprühen. Gießen Sie ¼ Tasse Teig über die Pfanne und backen Sie sie 1-2 Minuten auf jeder Seite oder bis sie goldbraun werden. Sofort servieren.

Ernährung (für 100g): 108 Kalorien 3g Fett 12g Kohlenhydrate 4g Protein 556mg Natrium

French Toast mit Mandeln und Pfirsichkompott

Zubereitungszeit: 10 Minuten

Kochzeit : 15 Minuten

Portionen: 4

Schwierigkeitsgrad: Leicht

Zutaten:

- <u>Kompott:</u>
- 3 Esslöffel Zuckerersatz auf Basis von Sucralose
- 1/3 Tasse + 2 Esslöffel Wasser, geteilt
- 1 1/2 Tassen frisch geschälte oder gefrorene, aufgetaute und abgetropfte Pfirsiche
- 2 Esslöffel Pfirsichfruchtaufstrich, ohne Zuckerzusatz
- 1/4 Teelöffel gemahlener Zimt
- <u>French Toast mit Mandeln</u>
- 1/4 Tasse (mager) fettfreie Milch
- 3 Esslöffel Zuckerersatz auf Basis von Sucralose
- 2 ganze Eier
- 2 Eiweiß
- 1/2 Teelöffel Mandelextrakt
- 1/8 Teelöffel Salz
- 4 Scheiben Mehrkornbrot
- 1/3 Tasse gehobelte Mandeln

Richtungen:

Um das Kompott zuzubereiten, löse 3 Esslöffel Sucralose in 1/3 Tasse Wasser in einem mittelgroßen Topf bei hoher bis mittlerer Hitze auf. Pfirsiche einrühren und aufkochen. Reduzieren Sie die Hitze auf mittlere und kochen Sie weitere 5 Minuten ohne Deckel oder bis die Pfirsiche weich sind.

Restliches Wasser und Fruchtaufstrich verrühren und dann unter die Pfirsiche im Topf rühren. Kochen Sie für eine weitere Minute oder bis der Sirup eindickt. Vom Herd nehmen und Zimt hinzufügen. Zum Warmhalten abdecken.

Um den French Toast zu machen. Milch und Sucralose in eine große flache Schüssel geben und verquirlen, bis sie sich vollständig aufgelöst hat. Eiweiß, Eier, Mandelextrakt und Salz einrühren. Tauchen Sie beide Seiten der Brotscheiben 3 Minuten lang in die Eimischung oder bis sie vollständig durchnässt sind. Beide Seiten mit gehobelten Mandeln bestreuen und fest andrücken.

Die antihaftbeschichtete Pfanne mit Kochspray einpinseln und bei mittlerer bis hoher Hitze erhitzen. Brotscheiben auf der Grillplatte 2 bis 3 Minuten von beiden Seiten backen oder bis sie hellbraun werden. Mit dem Pfirsichkompott bestreut servieren.

Ernährung (für 100g): 277 Kalorien 7 g Fett 31 g Kohlenhydrate 12 g Protein 665 mg Natrium

Gemischte Beeren-Haferflocken mit süßer Vanillecreme

Vorbereitungszeit: 5 Minuten
Kochzeit : 5 Minuten
Portionen: 4
Schwierigkeitsgrad: Leicht

Zutaten:

- 2 Tassen Wasser
- 1 Tasse schnell kochender Hafer
- 1 Esslöffel Zuckeraustauschstoff auf Sucralosebasis
- 1/2 Teelöffel gemahlener Zimt
- 1/8 Teelöffel Salz
- <u>Sahne</u>
- 3/4 Tasse fettfreie halbe und halbe
- 3 Esslöffel Zuckeraustauschstoff auf Sucralosebasis
- 1/2 Teelöffel Vanilleextrakt
- 1/2 Teelöffel Mandelextrakt
- <u>Beläge</u>
- 1 1/2 Tassen frische Blaubeeren
- 1/2 Tasse frische oder gefrorene und aufgetaute Himbeeren

Richtungen:

Wasser bei starker Hitze aufkochen und die Haferflocken einrühren. Reduzieren Sie die Hitze auf mittlere, während Sie

Haferflocken kochen, ohne Deckel für 2 Minuten oder bis sie dick sind. Vom Herd nehmen und Zuckerersatz, Salz und Zimt einrühren. In einer mittelgroßen Schüssel alle Sahnezutaten gut vermischen. Gekochte Haferflocken in 4 gleiche Portionen löffeln und die süße Sahne darüber gießen. Mit den Beeren belegen und servieren.

Ernährung (für 100g): 150 Kalorien 5g Fett 30g Kohlenhydrate 5g Protein 807mg Natrium

Schoko-Erdbeer-Cr.pe

Vorbereitungszeit: 5 Minuten

Kochzeit: 10 Minuten

Portionen: 4

Schwierigkeitsgrad: Leicht

Zutaten:

- 1 Tasse Weizen-Allzweckmehl
- 2/3 Tasse fettarme (1%) Milch
- 2 Eiweiß
- 1 Ei
- 3 Esslöffel Zucker
- 3 Esslöffel ungesüßtes Kakaopulver
- 1 Esslöffel abgekühlte geschmolzene Butter
- 1/2 Teelöffel Salz
- 2 Teelöffel Rapsöl
- 3 Esslöffel Erdbeerfruchtaufstrich
- 3 1/2 Tassen geschnittene aufgetaute gefrorene oder frische Erdbeeren straw
- 1/2 Tasse fettfreier, aufgetauter, gefrorener Schlagbelag
- Frische Minzblätter (falls gewünscht)

Richtungen:

Die ersten acht Zutaten in eine große Schüssel geben, bis sie glatt und gründlich vermischt sind.

Streichen Sie ¼ Teelöffel Öl auf eine kleine beschichtete Pfanne bei mittlerer Hitze. Gießen Sie ¼-Tasse des Teigs in die Mitte und schwenken Sie, um die Pfanne mit Teig zu bedecken.

Eine Minute kochen lassen oder bis der Crêpe stumpf wird und die Ränder trocken sind. Auf die andere Seite wenden und eine weitere halbe Minute kochen. Vorgang mit restlicher Mischung und Öl wiederholen.

Schaufeln Sie ¼ Tasse aufgetaute Erdbeeren in die Mitte des Crpes und rühren Sie, bis die Füllung bedeckt ist. Mit 2 EL Schlagsahne bedecken und vor dem Servieren mit Minze garnieren.

Ernährung (für 100g): 334 Kalorien 5g Fett 58g Kohlenhydrate 10g Protein 678mg Natrium

Spargel-Schinken-Quiche ohne Kruste

Vorbereitungszeit: 5 Minuten

Kochzeit : 42 Minuten

Portionen: 6

Schwierigkeitsgrad: Leicht

Zutaten:

- 2 Tassen 1/2-Zoll geschnittener Spargel
- 1 rote gehackte Paprika
- 1 Tasse Milch, fettarm (1%)
- 2 Esslöffel Weizen-Allzweckmehl
- 4 Eiweiß
- 1 Ei, ganz
- 1 Tasse gekochter gehackter Feinkostschinken
- 2 Esslöffel frisch gehackter Estragon oder Basilikum
- 1/2 Teelöffel Salz (optional)
- 1/4 Teelöffel schwarzer Pfeffer
- 1/2 Tasse Schweizer Käse, fein gerieben

Richtungen:

Heizen Sie Ihren Ofen auf 350 Grad F vor. Mikrowellenpaprika und Spargel in einem Esslöffel Wasser auf HIGH für 2 Minuten. Ablassen. Mehl und Milch verquirlen und dann Ei und Eiweiß dazugeben, bis alles gut vermischt ist. Das Gemüse und die restlichen Zutaten außer dem Käse unterrühren.

Gießen Sie in eine 9-Zoll-Größe Kuchenform und backen Sie für 35 Minuten. Streuen Sie Käse über die Quiche und backen Sie weitere 5 Minuten oder bis der Käse schmilzt. 5 Minuten abkühlen lassen und dann zum Servieren in 6 Spalten schneiden.

Ernährung (für 100g): 138 Kalorien 1g Fett 8g Kohlenhydrate 13g Protein 588mg Natrium

Apfel-Käse-Scones

Zubereitungszeit: 20 Minuten

Kochzeit : 15 Minuten

Portionen: 10

Schwierigkeitsgrad : Durchschnitt

Zutaten:

- 1 Tasse Allzweckmehl
- 1 Tasse Vollkornmehl, weiß
- 3 Esslöffel Zucker
- 1 1/2 Teelöffel Backpulver
- 1/2 Teelöffel Salz
- 1/2 Teelöffel gemahlener Zimt
- 1/4 Teelöffel Backpulver
- 1 gewürfelter Granny Smith Apfel
- 1/2 Tasse geriebener scharfer Cheddar-Käse
- 1/3 Tasse Apfelmus, natur oder ungesüßt
- 1/4 Tasse Milch, fettfrei (mager)
- 3 Esslöffel geschmolzene Butter
- 1 Ei

Richtungen:

Bereiten Sie Ihren Ofen auf 425 Grad F vor. Bereiten Sie das Backblech vor, indem Sie es mit Pergamentpapier auslegen. Alle trockenen Zutaten in eine Schüssel geben und vermischen. Käse und Apfel unterrühren. Beiseite legen. Alle nassen Zutaten miteinander verquirlen. Über die trockene Mischung gießen, bis sie vermischt ist und sich wie ein klebriger Teig dreht.

Den Teig auf einer bemehlten Arbeitsfläche etwa 5 Mal bearbeiten. Klopfen und dann zu einem 8-Zoll-Kreis dehnen. In 10 diagonale Schnitte schneiden.

Auf das Backblech legen und mit Kochspray einsprühen. 15 Minuten backen oder bis sie leicht golden sind. Dienen.

Ernährung (für 100g): 169 Kalorien 2g Fett 26g Kohlenhydrate 5g Protein 689mg Natrium

Speck-Ei-Wrap

Zubereitungszeit: 15 Minuten

Kochzeit : 15 Minuten

Portionen: 4

Schwierigkeitsgrad: Leicht

Zutaten:

- 1 Tasse Ei-Ersatz, cholesterinfrei
- 1/4 Tasse Parmesankäse, gerieben
- 2 Scheiben gewürfelter kanadischer Speck
- 1/2 Teelöffel rote Paprikasauce pepper
- 1/4 Teelöffel schwarzer Pfeffer
- 4x7-Zoll-Vollkorn-Tortillas
- 1 Tasse Babyspinatblätter

Richtungen:

Heizen Sie Ihren Ofen auf 325 Grad F vor. Kombinieren Sie die ersten fünf Zutaten, um die Füllung zu machen. Gießen Sie die Mischung in eine 9-Zoll-Glasschale, die mit Kochspray mit Buttergeschmack besprüht ist.

15 Minuten backen oder bis das Ei fest wird. Aus dem Ofen nehmen. Legen Sie die Tortillas für eine Minute in den Ofen. Gebackene Eiermasse vierteln. Ein Viertel in der Mitte jeder Tortillas anrichten und mit ¼-Tassen Spinat belegen. Tortilla von unten zur Mitte und dann von beiden Seiten zur Mitte falten, um sie zu umschließen. Sofort servieren.

Ernährung (für 100g): 195 Kalorien 3g Fett 20g Kohlenhydrate 15g Protein 688mg Natrium

Orangen-Heidelbeer-Muffin

Zubereitungszeit: 10 Minuten

Kochzeit : 10-25 Minuten

Portionen: 12

Schwierigkeitsgrad : Durchschnitt

Zutaten:

- 1 3/4 Tassen Allzweckmehl
- 1/3 Tasse Zucker
- 2 1/2 Teelöffel Backpulver
- 1/2 Teelöffel Backpulver
- 1/2 Teelöffel Salz
- 1/2 Teelöffel gemahlener Zimt
- 3/4 Tasse Milch, fettfrei (mager)
- 1/4 Tasse Butter
- 1 Ei, groß, leicht geschlagen
- 3 EL aufgetautes Orangensaftkonzentrat
- 1 Teelöffel Vanille
- 3/4 Tasse frische Blaubeeren

Richtungen:

Bereiten Sie Ihren Ofen auf 400 Grad F vor. Folgen Sie den Schritten 2 bis 5 von Buchweizen-Apfel-Rosinen-Muffin Füllen Sie die Muffinförmchen zu ¾-voll mit der Mischung und backen Sie sie 20 bis 25 Minuten lang. 5 Minuten abkühlen lassen und warm servieren.

Ernährung (für 100g): 149 Kalorien 5g Fett 24g Kohlenhydrate 3g Protein 518mg Natrium

Gebackenes Ingwer-Haferflocken mit Birnen-Topping

Zubereitungszeit: 10 Minuten

Kochzeit : 15 Minuten

Portionen: 2

Schwierigkeitsgrad: Leicht

Zutaten:

- 1 Tasse altmodischer Hafer
- 3/4 Tasse Milch, fettfrei (mager)
- 1 Eiweiß
- 1 1/2 Teelöffel geriebener Ingwer, frisch oder 3/4 Teelöffel gemahlener Ingwer
- 2 Esslöffel brauner Zucker, geteilt
- 1/2 reife Birnenwürfel

Richtungen:

Sprühen Sie 2x6 Unzen Auflaufförmchen mit einem Antihaft-Kochspray ein. Bereiten Sie den Ofen auf 350 Grad F vor. Kombinieren Sie die ersten vier Zutaten und einen Esslöffel Zucker dann gut mischen. Gleichmäßig zwischen die 2 Auflaufförmchen gießen. Mit Birnenscheiben und dem restlichen Esslöffel Zucker belegen. 15 Minuten backen. Warm servieren.

Ernährung (für 100g): 268 Kalorien 5g Fett 2g Kohlenhydrate 10g Protein 779mg Natrium

Veggie Omelett nach griechischer Art

Zubereitungszeit: 10 Minuten

Kochzeit : 20 Minuten

Portionen: 2

Schwierigkeitsgrad: Leicht

Zutaten:

- 4 große Eier
- 2 Esslöffel fettfreie Milch
- 1/8 Teelöffel Salz
- 3 Teelöffel Olivenöl, geteilt
- 2 Tassen Baby-Portobello, in Scheiben geschnitten
- 1/4 Tasse fein gehackte Zwiebel
- 1 Tasse frischer Babyspinat
- 3 Esslöffel Fetakäse, zerbröselt
- 2 Esslöffel reife Oliven, in Scheiben geschnitten
- Frisch gemahlener Pfeffer

Richtungen:

Die ersten drei Zutaten verquirlen. 2 Esslöffel Öl in einer beschichteten Pfanne bei mittlerer Hitze einrühren. Zwiebeln und Champignons 5-6 Minuten anbraten, bis sie goldbraun sind. Spinat untermischen und kochen. Entfernen Sie die Mischung aus der Pfanne.

In derselben Pfanne das restliche Öl bei mittlerer Hitze erhitzen. Gießen Sie Ihre Eimischung ein und drücken Sie die Ränder in Richtung Mitte, damit die rohe Mischung darunter fließen kann. Wenn die Eier fest sind, die Gemüsemischung auf einer Seite schaufeln. Mit Oliven und Feta bestreuen und die andere Seite zum Schließen falten. Zum Servieren halbieren und mit Pfeffer bestreuen.

Ernährung (für 100g): 271 Kalorien 2 g Fett 7 g Kohlenhydrate 18 g Protein 648 mg Natrium

Sommer-Smoothie

Zubereitungszeit: 8 Minuten

Kochzeit : 0 Minuten

Portionen: 2

Schwierigkeitsgrad: Leicht

Zutaten:

- 1/2 Banane, geschält
- 2 Tassen Erdbeeren, halbiert
- 3 Esslöffel Minze, gehackt
- 1 1/2 Tassen Kokoswasser
- 1/2 Avocado, entkernt & geschält
- 1 Dattel, gehackt
- Eiswürfel nach Bedarf

Richtungen:

Alles in einen Mixer geben und glatt rühren. Eiswürfel zum Andicken hinzufügen und gekühlt servieren.

Ernährung (für 100g): 360 Kalorien 12 g Fett 5 g Kohlenhydrate 31 g Protein 737 mg Natrium

Pitas mit Schinken und Ei

Vorbereitungszeit: 5 Minuten
Kochzeit : 15 Minuten
Portionen: 4
Schwierigkeitsgrad: Leicht

Zutaten:

- 6 Eier
- 2 Schalotten, gehackt
- 1 Teelöffel Olivenöl
- 1/3 Tasse geräucherter Schinken, gehackt
- 1/3 Tasse süßer grüner Pfeffer, gehackt
- 1/4 Tasse Brie-Käse
- Meersalz und schwarzer Pfeffer nach Geschmack
- 4 Salatblätter
- 2 Fladenbrote, Vollkorn

Richtungen:

Das Olivenöl in einer Pfanne bei mittlerer Hitze erhitzen. Fügen Sie Ihre Schalotten und grünen Pfeffer hinzu und lassen Sie sie unter häufigem Rühren fünf Minuten kochen.

Holen Sie eine Schüssel heraus und schlagen Sie Ihre Eier, streuen Sie Salz und Pfeffer hinein. Stellen Sie sicher, dass Ihre Eier gut geschlagen sind. Die Eier in die Pfanne geben, dann Schinken und Käse untermischen. Gut umrühren und kochen, bis Ihre Mischung eindickt. Die Pitas halbieren und die Taschen öffnen. Verteilen Sie einen Teelöffel Senf in jeder Tasche und fügen Sie jeweils ein Salatblatt hinzu. Die Eiermischung in jedem verteilen und servieren.

Ernährung (für 100g): 610 Kalorien 21 g Fett 10 g Kohlenhydrate 41 g Protein 807 mg Natrium

Frühstück Couscous

Vorbereitungszeit: 5 Minuten

Kochzeit : 15 Minuten

Portionen: 4

Schwierigkeitsgrad : Durchschnitt

Zutaten:

- 3 Tassen Milch, fettarm
- 1 Zimtstange
- 1/2 Tasse Aprikosen, getrocknet und gehackt
- 1/4 Tasse Johannisbeeren, getrocknet
- 1 Tasse Couscous, ungekocht
- Prise Meersalz, fein
- 4 Teelöffel Butter, geschmolzen
- 6 Teelöffel brauner Zucker

Richtungen:

Eine Pfanne mit Milch und Zimt bei mittlerer Hitze erhitzen. Drei Minuten kochen lassen, bevor die Pfanne vom Herd genommen wird.

Fügen Sie Ihre Aprikosen, Couscous, Salz, Johannisbeeren und Zucker hinzu. Gut umrühren und dann abdecken. Lassen Sie es zur Seite und lassen Sie es fünfzehn Minuten ruhen.

Die Zimtstange wegwerfen und auf Schüsseln verteilen. Vor dem Servieren mit braunem Zucker bestreuen.

Ernährung (für 100g): 520 Kalorien 28 g Fett 10 g Kohlenhydrate 39 g Protein 619 mg Natrium

Pfirsich-Frühstückssalat

Zubereitungszeit: 10 Minuten

Kochzeit : 0 Minuten

Portionen: 1

Schwierigkeitsgrad: Leicht

Zutaten:

- 1/4 Tasse Walnüsse, gehackt und geröstet
- 1 Teelöffel Honig, roh
- 1 Pfirsich, entkernt und in Scheiben geschnitten
- 1/2 Tasse Hüttenkäse, fettfrei und Raumtemperatur
- 1 Esslöffel Minze, frisch & gehackt
- 1 Zitrone, Zested

Richtungen:

Den Hüttenkäse in eine Schüssel geben und mit Pfirsichscheiben und Walnüssen belegen. Mit Honig beträufeln und mit Minze toppen.

Bestreuen Sie Ihre Zitronenschale vor dem Servieren.

Ernährung (für 100g): 280 Kalorien 11 g Fett 19 g Kohlenhydrate 39 g Protein 527 mg Natrium

Herzhafter Hafer

Zubereitungszeit: 10 Minuten

Kochzeit : 10 Minuten

Portionen: 2

Schwierigkeitsgrad: Leicht

Zutaten:

- 1/2 Tasse Stahl geschnittener Hafer
- 1 Tasse Wasser
- 1 Tomate, groß & gehackt
- 1 Gurke, gehackt
- 1 Esslöffel Olivenöl
- Meersalz und schwarzer Pfeffer nach Geschmack
- Glattblättrige Petersilie, zum Garnieren gehackt
- Parmesankäse, fettarm & frisch gerieben

Richtungen:

Bringe deinen Hafer und eine Tasse Wasser in einem Topf bei starker Hitze zum Kochen. Rühren Sie oft, bis Ihr Wasser vollständig absorbiert ist, was ungefähr fünfzehn Minuten dauert. Auf zwei Schüsseln verteilen und mit Tomaten und Gurken belegen. Mit Olivenöl beträufeln und mit Parmesan bestreuen. Vor dem Servieren mit Petersilie garnieren.

Ernährung (für 100g): 408 Kalorien 13 g Fett 10 g Kohlenhydrate 28 g Protein 825 mg Natrium

Tahini & Apfeltoast

Zubereitungszeit: 15 Minuten

Kochzeit : 0 Minuten

Portionen: 1

Schwierigkeitsgrad: Leicht

Zutaten:

- 2 Esslöffel Tahini
- 2 Scheiben Vollkornbrot, geröstet
- 1 Teelöffel Honig, roh
- 1 Apfel, klein, entkernt & dünn geschnitten

Richtungen:

Beginne damit, das Tahini auf deinem Toast zu verteilen und dann deine Äpfel darauf zu legen. Vor dem Servieren mit Honig beträufeln.

Ernährung (für 100g): 366 Kalorien 13 g Fett 9 g Kohlenhydrate 29 g Protein 686 mg Natrium

Rührei mit Basilikum

Vorbereitungszeit: 5 Minuten
Kochzeit : 10 Minuten
Portionen: 2
Schwierigkeitsgrad: Leicht

Zutaten:

- 4 Eier, groß
- 2 Esslöffel frisches Basilikum, fein gehackt
- 2 Esslöffel Greyerzer Käse, gerieben
- 1 Esslöffel Sahne
- 1 Esslöffel Olivenöl
- 2 Knoblauchzehen, gehackt
- Meersalz und schwarzer Pfeffer nach Geschmack

Richtungen:

Holen Sie eine große Schüssel heraus und schlagen Sie Basilikum, Käse, Sahne und Eier zusammen. Schneebesen, bis es gut verbunden ist. Holen Sie eine große Pfanne bei mittlerer Hitze heraus und erhitzen Sie Ihr Öl. Fügen Sie Ihren Knoblauch hinzu und kochen Sie für eine Minute. Es sollte golden werden.

Gießen Sie die Eimischung in Ihre Pfanne über den Knoblauch und rühren Sie dann weiter, während sie kochen, damit sie weich und flauschig werden. Gut würzen und warm servieren.

Ernährung (für 100g): 360 Kalorien 14 g Fett 8 g Kohlenhydrate 29 g Protein 545 mg Natrium

Griechische Kartoffeln & Eier

Zubereitungszeit: 10 Minuten

Kochzeit : 30 Minuten

Portionen: 2

Schwierigkeitsgrad: Leicht

Zutaten:

- 3 Tomaten, entkernt & grob gehackt
- 2 EL Basilikum, frisch & gehackt
- 1 Knoblauchzehe, gehackt
- 2 Esslöffel + ½ Tasse Olivenöl, geteilt
- Meersalz und schwarzer Pfeffer nach Geschmack
- 3 rostrote Kartoffeln, groß
- 4 Eier, groß
- 1 Teelöffel Oregano, frisch & gehackt

Richtungen:

Holen Sie sich die Küchenmaschine und legen Sie Ihre Tomaten hinein und pürieren Sie sie mit der Haut.

Fügen Sie Ihren Knoblauch, zwei Esslöffel Öl, Salz, Pfeffer und Basilikum hinzu. Pulse, bis es gut kombiniert ist. Gib diese Mischung in eine Pfanne und koche sie zugedeckt zwanzig bis fünfundzwanzig Minuten bei schwacher Hitze. Ihre Sauce sollte sowohl eingedickt als auch sprudelnd sein.

Würfeln Sie Ihre Kartoffeln in Würfel und legen Sie sie dann in eine Pfanne mit einer ½ Tasse Olivenöl in einer Pfanne bei mittlerer bis niedriger Hitze.

Braten Sie Ihre Kartoffeln, bis sie knusprig und gebräunt sind. Dies sollte fünf Minuten dauern und dann die Pfanne abdecken und die Hitze auf niedrig reduzieren. Dämpfen Sie sie, bis Ihre Kartoffeln fertig sind.

Die Eier in die Tomatensauce einrühren und bei schwacher Hitze sechs Minuten kochen. Ihre Eier sollten gesetzt sein.

Die Kartoffeln aus der Pfanne nehmen und mit Küchenpapier abtropfen lassen. Legen Sie sie in eine Schüssel. Streuen Sie Salz, Pfeffer und Oregano hinein und servieren Sie dann Ihre Eier mit Kartoffeln. Die Sauce über die Mischung träufeln und warm servieren.

Ernährung (für 100g): 348 Kalorien 12 g Fett 7 g Kohlenhydrate 27 g Protein 469 mg Natrium

Avocado-Honig-Smoothie

Vorbereitungszeit: 5 Minuten

Kochzeit : 0 Minuten

Portionen: 2

Schwierigkeitsgrad: Leicht

Zutaten:

- 1 1/2 Tassen Sojamilch
- 1 Avocado, groß
- 2 Esslöffel Honig, roh

Richtungen:

Alle Zutaten vermischen, glatt rühren und sofort servieren.

Ernährung (für 100g): 280 Kalorien 19 g Fett 11 g Kohlenhydrate 30 g Protein 547 mg Natrium

Gemüsefrittata

Vorbereitungszeit: 5 Minuten

Kochzeit : 10 Minuten

Portionen: 2

Schwierigkeitsgrad: Leicht

Zutaten:

- 1/2 Baby Aubergine, geschält & gewürfelt
- 1 Handvoll Babyspinatblätter
- 1 Esslöffel Olivenöl
- 3 Eier, groß
- 1 Teelöffel Mandelmilch
- 1 Unze Ziegenkäse, zerbröckelt
- 1/4 kleine rote Paprika, gehackt
- Meersalz und schwarzer Pfeffer nach Geschmack

Richtungen:

Beginnen Sie damit, den Grill auf Ihrem Ofen zu erhitzen, und schlagen Sie dann die Eier mit Mandelmilch zusammen. Stellen Sie sicher, dass es gut kombiniert ist, und nehmen Sie dann eine antihaftbeschichtete, ofenfeste Pfanne heraus. Stelle es bei mittlerer bis hoher Hitze auf und füge dann dein Olivenöl hinzu.

Sobald Ihr Öl erhitzt ist, fügen Sie Ihre Eier hinzu. Verteilen Sie Ihren Spinat in einer gleichmäßigen Schicht über dieser Mischung und belegen Sie den Rest Ihres Gemüses.

Reduzieren Sie Ihre Hitze auf mittlere und bestreuen Sie sie mit Salz und Pfeffer. Lassen Sie Ihr Gemüse und Ihre Eier fünf Minuten kochen. Die untere Hälfte deiner Eier sollte fest sein und dein Gemüse sollte zart sein. Mit Ziegenkäse belegen und auf der mittleren Schiene drei bis fünf Minuten braten. Ihre Eier sollten fertig sein und Ihr Käse sollte geschmolzen sein. In Spalten schneiden und warm servieren.

Ernährung (für 100g): 340 Kalorien 16 g Fett 9 g Kohlenhydrate 37 g Protein 748 mg Natrium

Mini-Salat-Wraps

Zubereitungszeit: 15 Minuten

Kochzeit : 0 Minuten

Portionen: 4

Schwierigkeitsgrad: Leicht

Zutaten:

- 1 Gurke, gewürfelt
- 1 rote Zwiebel, in Scheiben geschnitten
- 1 Unze Feta-Käse, fettarm und paniert
- 1 Zitrone, entsaftet
- 1 Tomate, gewürfelt
- 1 Esslöffel Olivenöl
- 12 kleine Eisbergsalatblätter
- Meersalz und schwarzer Pfeffer nach Geschmack

Richtungen:

Kombinieren Sie Ihre Tomate, Zwiebel, Feta und Gurke in einer Schüssel. Öl und Saft mischen und mit Salz und Pfeffer würzen.

Füllen Sie jedes Blatt mit der Gemüsemischung und rollen Sie es fest. Verwenden Sie einen Zahnstocher, um sie zum Servieren zusammenzuhalten.

Ernährung (für 100g): 291 Kalorien 10 g Fett 9 g Kohlenhydrate 27 g Protein 655 mg Natrium

Curry-Apfel-Couscous

Zubereitungszeit: 20 Minuten

Kochzeit : 5 Minuten

Portionen: 4

Schwierigkeitsgrad : Durchschnitt

Zutaten:

- 2 Teelöffel Olivenöl
- 2 Lauch, nur weiße Teile, in Scheiben geschnitten
- 1 Apfel, gewürfelt
- 2 Esslöffel Currypulver
- 2 Tassen Couscous, gekocht & Vollkorn
- 1/2 Tasse Pekannüsse, gehackt

Richtungen:

Erhitze dein Öl in einer Pfanne bei mittlerer Hitze. Den Lauch hinzufügen und kochen, bis er weich ist, was fünf Minuten dauert. Fügen Sie Ihren Apfel hinzu und kochen Sie, bis er weich ist.

Currypulver und Couscous dazugeben und gut verrühren. Vom Herd nehmen und die Nüsse vor dem Servieren untermischen.

Ernährung (für 100g): 330 Kalorien 12 g Fett 8 g Kohlenhydrate 30 g Protein 824 mg Natrium

Lamm- und Gemüseauflauf

Zubereitungszeit: 20 Minuten

Kochzeit : 1 Stunde und 10 Minuten

Portionen: 8

Schwierigkeitsgrad : Durchschnitt

Zutaten:

- 1/4 Tasse Olivenöl
- 1 Pfund mageres Lamm, ohne Knochen und in ½-Zoll-Stücke gehackt
- 2 rote Kartoffeln, groß, geschrubbt & gewürfelt
- 1 Zwiebel, grob gehackt
- 2 Knoblauchzehen, gehackt
- 28 Unzen gewürfelte Tomaten mit Flüssigkeit, aus der Dose und ohne Salz
- 2 Zucchini, in ½-Zoll-Scheiben geschnitten
- 1 rote Paprika, entkernt und in 2,5 cm große Würfel geschnitten
- 2 Esslöffel glatte Petersilie, gehackt
- 1 Esslöffel Paprika
- 1 Teelöffel Thymian
- 1/2 Teelöffel Zimt
- 1/2 Tasse Rotwein
- Meersalz und schwarzer Pfeffer nach Geschmack

Richtungen:

Beginnen Sie damit, den Ofen auf 325 zu drehen, und holen Sie dann einen großen Schmortopf heraus. Stelle es bei mittlerer bis hoher Hitze auf, um dein Olivenöl zu erhitzen. Sobald Ihr Öl heiß ist, rühren Sie Ihr Lamm ein und bräunen Sie das Fleisch. Rühren Sie häufig um, damit es nicht läuft, und legen Sie Ihr Lamm dann in eine Auflaufform. Kochen Sie Knoblauch, Zwiebel und Kartoffeln in der Pfanne, bis sie weich sind, was fünf bis sechs Minuten länger dauern sollte. Legen Sie sie ebenfalls in die Auflaufform. Gib die Zucchini, Paprika und Tomaten mit deinen Kräutern und Gewürzen in die Pfanne. Lassen Sie es noch zehn Minuten köcheln, bevor Sie es in Ihre Auflaufform gießen. Wein und Pfeffersoße angießen. Fügen Sie Ihre Tomate hinzu und bedecken Sie sie mit Folie. Eine Stunde backen. Nehmen Sie den Deckel für die letzten fünfzehn Minuten des Backens ab und passen Sie die Gewürze nach Bedarf an.

Ernährung (für 100g): 240 Kalorien 14 g Fett 8 g Kohlenhydrate 36 g Protein 427 mg Natrium

Kräuter Flunder

Zubereitungszeit: 20 Minuten

Kochzeit : 1 Stunde und 5 Minuten

Portionen: 4

Schwierigkeitsgrad : Durchschnitt

Zutaten:

- 1/2 Tasse glatte Petersilie, leicht verpackt
- 1/4 Tasse Olivenöl
- 4 Zehen Knoblauch, geschält & halbiert
- 2 EL Rosmarin, frisch
- 2 EL Thymianblätter, frisch
- 2 Esslöffel Salbei, frisch
- 2 EL Zitronenschale, frisch
- 4 Flunderfilets
- Meersalz und schwarzer Pfeffer nach Geschmack

Richtungen:

Bereiten Sie Ihren Ofen auf 350 vor und geben Sie dann alle Zutaten außer der Flunder in den Prozessor. Mischen, bis sich eine Hick-Paste bildet. Legen Sie Ihre Filets auf ein Backblech und bestreichen Sie sie mit der Paste. Lassen Sie sie eine Stunde im Kühlschrank abkühlen. 10 Minuten backen. Würzen und warm servieren.

Ernährung (für 100g): 307 Kalorien 11 g Fett 7 g Kohlenhydrate 34 g Protein 824 mg Natrium

Blumenkohl-Quinoa

Zubereitungszeit: 15 Minuten
Kochzeit : 10 Minuten
Portionen: 4
Schwierigkeitsgrad: Leicht

Zutaten:

- 1 1/2 Tassen Quinoa, gekocht
- 3 Esslöffel Olivenöl
- 3 Tassen Blumenkohlröschen
- 2 Frühlingszwiebeln, gehackt
- 1 Esslöffel Rotweinessig
- Meersalz und schwarzer Pfeffer nach Geschmack
- 1 Esslöffel Rotweinessig
- 1 Esslöffel Schnittlauch, gehackt
- 1 Esslöffel Petersilie, gehackt

Richtungen:

Beginnen Sie damit, eine Pfanne bei mittlerer Hitze zu erhitzen. Fügen Sie Ihr Öl hinzu. Sobald Ihr Öl heiß ist, fügen Sie Ihre Frühlingszwiebeln hinzu und kochen Sie etwa zwei Minuten lang. Fügen Sie Quinoa und Blumenkohl hinzu und fügen Sie dann den Rest der Zutaten hinzu. Gut mischen und abdecken. 9 Minuten bei mittlerer Hitze kochen und zum Servieren auf Teller verteilen.

Ernährung (für 100g): 290 Kalorien 14 g Fett 9 g Kohlenhydrate 26 g Protein 656 mg Natrium

Mango-Birnen-Smoothie

Vorbereitungszeit: 5 Minuten

Kochzeit : 0 Minuten

Portionen: 1

Schwierigkeitsgrad: Leicht

Zutaten:

- 2 Eiswürfel
- ½ Tasse griechischer Joghurt, natur
- ½ Mango, geschält, entkernt & gehackt
- 1 Tasse Grünkohl, gehackt
- 1 Birne, reif, entkernt & gehackt

Richtungen:

Mischen, bis sie dick und glatt sind. Gekühlt servieren.

Ernährung (für 100g): 350 Kalorien 12 g Fett 9 g Kohlenhydrate 40 g Protein 457 mg Natrium

Spinatomelett

Zubereitungszeit: 10 Minuten

Kochzeit : 20 Minuten

Portionen: 4

Schwierigkeitsgrad: Leicht

Zutaten:

- 3 Esslöffel Olivenöl
- 1 Zwiebel, klein & gehackt
- 1 Knoblauchzehe, gehackt
- 4 Tomaten, groß, entkernt & gehackt
- 1 Teelöffel Meersalz, fein
- 8 Eier, geschlagen
- ¼ Teelöffel schwarzer Pfeffer
- 2 Unzen Feta-Käse, zerbröckelt
- 1 Esslöffel glatte Petersilie, frisch & gehackt

Richtungen:

Backofen auf 400 Grad vorheizen und Olivenöl in eine ofenfeste Pfanne geben. Stelle deine Pfanne bei starker Hitze auf und füge deine Zwiebeln hinzu. Fünf bis sieben Minuten kochen. Ihre Zwiebeln sollten weich werden.

Tomaten, Salz, Pfeffer und Knoblauch dazugeben. Dann weitere fünf Minuten köcheln lassen und die geschlagenen Eier einfüllen. Leicht mischen und drei bis fünf Minuten kochen lassen. Sie sollten unten angesetzt werden. Stellen Sie die Pfanne in den Ofen und backen Sie weitere fünf Minuten. Aus dem Ofen nehmen, mit Petersilie und Feta belegen. Warm servieren.

Ernährung (für 100g): 280 Kalorien 19 g Fett 10 g Kohlenhydrate 31 g Protein 625 mg Natrium

Mandel-Pfannkuchen

Zubereitungszeit: 15 Minuten

Kochzeit : 15 Minuten

Portionen: 6

Schwierigkeitsgrad: Leicht

Zutaten:

- 2 Tassen Mandelmilch, ungesüßt & Raumtemperatur
- 2 Eier, groß & Zimmertemperatur
- ½ Tasse Kokosöl, geschmolzen + mehr zum Einfetten
- 2 Teelöffel Honig, roh
- ¼ Teelöffel Meersalz, fein
- ½ Teelöffel Backpulver
- 1 ½ Tassen Vollkornmehl
- ½ Tasse Mandelmehl
- 1 ½ Teelöffel Backpulver
- ¼ Teelöffel Zimt, gemahlen

Richtungen:

Holen Sie eine große Schüssel heraus und verquirlen Sie Kokosöl, Eier, Mandelmilch und Honig, bis alles gut vermischt ist.

Holen Sie eine mittelgroße Schüssel heraus und sieben Sie Ihr Backpulver, Backpulver, Mandelmehl, Meersalz, Vollkornmehl und Zimt zusammen. Gut mischen.

Fügen Sie Ihre Mehlmischung zu Ihrer Milchmischung hinzu und verquirlen Sie sie gut.

Holen Sie eine große Pfanne heraus und fetten Sie sie mit Ihrem Kokosöl ein, bevor Sie sie bei mittlerer Hitze erhitzen. Fügen Sie Ihren Pfannkuchenteig in ½ Tassenmaßen hinzu.

Drei Minuten kochen lassen oder bis die Ränder fest sind. Der Boden deines Pfannkuchens sollte golden sein und Blasen sollten die Oberfläche durchbrechen. Beide Seiten kochen.

Wischen Sie Ihre Pfanne sauber und wiederholen Sie den Vorgang, bis der gesamte Teig aufgebraucht ist. Achten Sie darauf, Ihre Pfanne neu zu fetten und nach Belieben mit frischem Obst zu belegen.

Ernährung (für 100g): 205 Kalorien 16 g Fett 9 g Kohlenhydrate 36 g Protein 828 mg Natrium

Quinoa-Fruchtsalat

Zubereitungszeit: 25 Minuten

Kochzeit : 0 Minuten

Portionen: 4

Schwierigkeitsgrad: Leicht

Zutaten:

- 2 Esslöffel Honig, roh
- 1 Tasse Erdbeeren, frisch & in Scheiben geschnitten
- 2 EL Limettensaft, frisch
- 1 Teelöffel Basilikum, frisch & gehackt
- 1 Tasse Quinoa, gekocht
- 1 Mango, geschält, entkernt & gewürfelt
- 1 Tasse Brombeeren, frisch
- 1 Pfirsich, entkernt und gewürfelt
- 2 Kiwis, geschält & geviertelt

Richtungen:

Beginnen Sie damit, Limettensaft, Basilikum und Honig in einer kleinen Schüssel zu vermischen. Mischen Sie in einer anderen Schüssel Erdbeeren, Quinoa, Brombeeren, Pfirsich, Kiwis und Mango. Fügen Sie Ihre Honigmischung hinzu und werfen Sie sie vor dem Servieren zum Überziehen.

Ernährung (für 100g): 159 Kalorien 12 g Fett 9 g Kohlenhydrate 29 g Protein 829 mg Natrium

Erdbeer-Rhabarber-Smoothie

Zubereitungszeit: 8 Minuten

Kochzeit : 0 Minuten

Portionen: 1

Schwierigkeitsgrad: Leicht

Zutaten:

- 1 Tasse Erdbeeren, frisch & in Scheiben geschnitten
- 1 Rhabarberstängel, gehackt
- 2 Esslöffel Honig, roh
- 3 Eiswürfel
- 1/8 Teelöffel gemahlener Zimt
- ½ Tasse griechischer Joghurt, natur

Richtungen:

Beginnen Sie damit, einen kleinen Topf herauszuholen und ihn mit Wasser zu füllen. Stellen Sie es bei starker Hitze zum Kochen und fügen Sie dann Ihren Rhabarber hinzu. Kochen Sie es drei Minuten lang, bevor Sie es abtropfen lassen und in einen Mixer geben.

Fügen Sie in Ihrem Mixer Joghurt, Honig, Zimt und Erdbeeren hinzu. Sobald es glatt ist, rühren Sie Ihr Eis ein. Mischen, bis keine Klumpen mehr vorhanden sind und es dick ist. Kalt genießen.

Ernährung (für 100g): 201 Kalorien 11 g Fett 9 g Kohlenhydrate 39 g Protein 657 mg Natrium

Gerstenbrei

Zubereitungszeit: 10 Minuten
Kochzeit : 20 Minuten
Portionen: 4
Schwierigkeitsgrad: Leicht

Zutaten:

- 1 Tasse Weizenbeeren
- 1 Tasse Gerste
- 2 Tassen Mandelmilch, ungesüßt + mehr zum Servieren
- ½ Tasse Blaubeeren
- ½ Tasse Granatapfelkerne
- 2 Tassen Wasser
- ½ Tasse Haselnüsse, geröstet und gehackt
- ¼ Tasse Honig, roh

Richtungen:

Holen Sie einen Topf heraus, stellen Sie ihn bei mittlerer Hitze und fügen Sie dann Ihre Mandelmilch, Wasser, Gerste und Weizenbeeren hinzu. Lassen Sie es kochen, bevor Sie die Hitze reduzieren, und lassen Sie es fünfundzwanzig Minuten köcheln. Rühren Sie häufig. Ihre Körner sollten zart werden.

Jede Portion mit Blaubeeren, Granatapfelkernen, Haselnüssen, einem Esslöffel Honig und einem Schuss Mandelmilch belegen.

Ernährung (für 100g): 150 Kalorien 10 g Fett 9 g Kohlenhydrate 29 g Protein 546 mg Natrium

Lebkuchen-Kürbis-Smoothie

Zubereitungszeit: 15 Minuten

Kochzeit : 50 Minuten

Portionen: 1

Schwierigkeitsgrad: Leicht

Zutaten:

- 1 Tasse Mandelmilch, ungesüßt
- 2 Teelöffel Chiasamen
- 1 Banane
- ½ Tasse Kürbispüree, aus der Dose
- ¼ Teelöffel Ingwer, gemahlen
- ¼ Teelöffel Zimt, gemahlen
- 1/8 Teelöffel Muskatnuss, gemahlen

Richtungen:

Beginnen Sie damit, eine Schüssel herauszuholen und Ihre Chai-Samen und Mandelmilch zu mischen. Lassen Sie sie mindestens eine Stunde einweichen, aber Sie können sie über Nacht einweichen. Übertragen Sie sie in einen Mixer.

Fügen Sie Ihre restlichen Zutaten hinzu und mischen Sie sie dann, bis sie glatt sind. Gekühlt servieren.

Ernährung (für 100g): 250 Kalorien 13 g Fett 7 g Kohlenhydrate 26 g Protein 621 mg Natrium

Grüner Saft

Vorbereitungszeit: 5 Minuten

Kochzeit : 0 Minuten

Portionen: 1

Schwierigkeitsgrad: Leicht

Zutaten:

- 3 Tassen dunkles Blattgemüse
- 1 Gurke
- ¼ Tasse frische italienische Petersilienblätter
- ¼ Ananas, in Spalten geschnitten
- ½ grüner Apfel
- ½ Orange
- ½ Zitrone
- Prise geriebener frischer Ingwer

Richtungen:

Gemüse, Gurke, Petersilie, Ananas, Apfel, Orange, Zitrone und Ingwer mit einem Entsafter laufen lassen, in eine große Tasse gießen und servieren.

Ernährung (für 100g): 200 Kalorien 14 g Fett 6 g Kohlenhydrate 27 g Protein 541 mg Natrium

Walnuss-Dattel-Smoothie

Zubereitungszeit: 10 Minuten

Kochzeit : 0 Minuten

Portionen: 2

Schwierigkeitsgrad: Leicht

Zutaten:

- 4 Datteln, entsteint
- ½ Tasse Milch
- 2 Tassen griechischer Joghurt, natur
- 1/2 Tasse Walnüsse
- ½ Teelöffel Zimt, gemahlen
- ½ Teelöffel Vanilleextrakt, pur
- 2-3 Eiswürfel

Richtungen:

Alles glatt rühren und dann gekühlt servieren.

Ernährung (für 100g): 109 Kalorien 11 g Fett 7 g Kohlenhydrate 29 g Protein 732 mg Natrium

Fruchtsmoothie

Vorbereitungszeit: 5 Minuten

Kochzeit : 0 Minuten

Portionen: 2

Schwierigkeitsgrad: Leicht

Zutaten:

- 2 Tassen Blaubeeren
- 2 Tassen ungesüßte Mandelmilch
- 1 Tasse zerstoßenes Eis
- ½ Teelöffel gemahlener Ingwer

Richtungen:

Blaubeeren, Mandelmilch, Eis und Ingwer in einen Mixer geben. Bis glatt verarbeiten.

Ernährung (für 100g): 115 Kalorien 10 g Fett 5 g Kohlenhydrate 27 g Protein 912 mg Natrium

Schokoladen-Bananen-Smoothie

Vorbereitungszeit: 5 Minuten

Kochzeit : 0 Minuten

Portionen: 2

Schwierigkeitsgrad: Leicht

Zutaten:

- 2 Bananen, geschält
- 1 Tasse Magermilch
- 1 Tasse zerstoßenes Eis
- 3 Esslöffel ungesüßtes Kakaopulver
- 3 Esslöffel Honig

Richtungen:

In einem Mixer Bananen, Mandelmilch, Eis, Kakaopulver und Honig mischen. Mixen, bis es glatt ist.

Ernährung (für 100g): 150 Kalorien 18 g Fett 6 g Kohlenhydrate 30 g Protein 821 mg Natrium

Joghurt mit Blaubeeren, Honig und Minze

Vorbereitungszeit: 5 Minuten

Kochzeit : 0 Minuten

Portionen: 2

Schwierigkeitsgrad: Leicht

Zutaten:

- 2 Tassen ungesüßter fettfreier griechischer Naturjoghurt
- 1 Tasse Blaubeeren
- 3 Esslöffel Honig
- 2 Esslöffel frische Minzblätter, gehackt

Richtungen:

Den Joghurt auf 2 kleine Schüsseln verteilen. Mit Blaubeeren, Honig und Minze belegen.

Ernährung (für 100g): 126 Kalorien 12 g Fett 8 g Kohlenhydrate 37 g Protein 932 mg Natrium

Beeren-Joghurt-Parfait

Vorbereitungszeit: 5 Minuten

Kochzeit : 0 Minuten

Portionen: 2

Schwierigkeitsgrad: Leicht

Zutaten:

- 1 Tasse Himbeeren
- 1½ Tassen ungesüßter fettfreier griechischer Naturjoghurt
- 1 Tasse Brombeeren
- ¼ Tasse gehackte Walnüsse

Richtungen:

In 2 Schüsseln Himbeeren, Joghurt und Brombeeren schichten. Mit den Walnüssen bestreuen.

Ernährung (für 100g): 119 Kalorien 13 g Fett 7 g Kohlenhydrate 28 g Protein 732 mg Natrium

Haferflocken mit Beeren und Sonnenblumenkernen

Vorbereitungszeit: 5 Minuten

Kochzeit : 10 Minuten

Portionen: 4

Schwierigkeitsgrad: Leicht

Zutaten:

- 1¾ Tassen Wasser
- ½ Tasse ungesüßte Mandelmilch
- Prise Meersalz
- 1 Tasse altmodischer Hafer
- ½ Tasse Blaubeeren
- ½ Tasse Himbeeren
- ¼ Tasse Sonnenblumenkerne

Richtungen:

Wasser mit Mandelmilch und Meersalz in einem mittelgroßen Topf bei mittlerer Hitze aufkochen.

Haferflocken einrühren. Reduzieren Sie die Hitze auf mittelniedrig und rühren Sie weiter und kochen Sie 5 Minuten lang. Abdecken und die Haferflocken weitere 2 Minuten stehen lassen. Umrühren und mit Blaubeeren, Himbeeren und Sonnenblumenkernen bestreut servieren.

Ernährung (für 100g): 106 Kalorien 9g Fette 8g Kohlenhydrate 29g Protein 823mg Natrium

Mandel- und Ahorn-Schnellgrieß

Vorbereitungszeit: 5 Minuten

Kochzeit : 10 Minuten

Portionen: 4

Schwierigkeitsgrad: Leicht

Zutaten:

- 1½ Tassen Wasser
- ½ Tasse ungesüßte Mandelmilch
- Prise Meersalz
- ½ Tasse Schnellkochgrütze
- ½ Teelöffel gemahlener Zimt
- ¼ Tasse reiner Ahornsirup
- ¼ Tasse gehobelte Mandeln

Richtungen:

Geben Sie Wasser, Mandelmilch und Meersalz in einen mittelgroßen Topf bei mittlerer Hitze und warten Sie, bis sie kochen.

Rühren Sie kontinuierlich mit einem Holzlöffel, fügen Sie langsam die Grütze hinzu. Rühren Sie weiter, um Klumpen zu vermeiden, und bringen Sie die Mischung langsam zum Kochen. Reduzieren Sie die Hitze auf mittel-niedrig. Unter regelmäßigem Rühren einige Minuten köcheln lassen, bis das Wasser vollständig aufgesogen ist. Zimt, Sirup und Mandeln einrühren. Unter Rühren noch 1 Minute kochen.

Ernährung (für 100g): 126 Kalorien 10 g Fett 7 g Kohlenhydrate 28 g Protein 851 mg Natrium

Bananenhafer

Zubereitungszeit: 10 Minuten

Kochzeit : 10 Minuten

Portionen: 2

Schwierigkeitsgrad: Leicht

Zutaten:

- 1 Banane, geschält und in Scheiben geschnitten
- c. Mandelmilch
- ½ c. kalt gebrühter Kaffee
- 2 entkernte Datteln
- 2 EL. Kakaopulver
- 1 c. Haferflocken
- 1 ½ EL. Chiasamen

Richtungen:

Mit einem Mixer alle Zutaten hinzufügen. 5 Minuten gut verarbeiten und servieren.

Ernährung (für 100g): 288 Kalorien 4,4 g Fett 10 g Kohlenhydrate 5,9 g Protein 733 mg Natrium

Frühstücks Sandwich

Vorbereitungszeit: 5 Minuten

Kochzeit : 20 Minuten

Portionen: 4

Schwierigkeitsgrad: Leicht

Zutaten:

- 4 Mehrkorn-Sandwich-Verdünnungen
- 4 TL. Olivenöl
- 4 Eier
- 1 EL. Rosmarin, frisch
- 2 c. Babyspinatblätter, frisch
- 1 Tomate, in Scheiben geschnitten
- 1 EL. von Feta-Käse
- Prise koscheres Salz
- Gemahlener schwarzer Pfeffer

Richtungen:

Bereiten Sie den Ofen bei 375 F/190 C vor. Bürsten Sie die dünnen Seiten mit 2 TL. Olivenöl und auf ein Backblech legen. In den Ofen stellen und 5 Minuten rösten oder bis die Ränder leicht braun sind.

In einer Pfanne das restliche Olivenöl und Rosmarin bei starker Hitze erhitzen. Brechen Sie ganze Eier auf und legen Sie sie nacheinander in die Pfanne. Das Eigelb sollte noch flüssig sein, aber das Eiweiß sollte fest werden.

Brechen Sie das Eigelb mit einem Spatel auf. Drehen Sie das Ei um und kochen Sie es auf einer anderen Seite, bis es fertig ist. Eier vom Herd nehmen. Die gerösteten Sandwiches auf 4 separaten Tellern verteilen. Göttlicher Spinat unter den dünnen.

Jeweils dünn mit zwei Tomatenscheiben, gekochtem Ei und 1 EL belegen. von Feta-Käse. Zum Würzen leicht mit Salz und Pfeffer bestreuen. Die restlichen dünnen Sandwichhälften darüber legen und sie sind servierfertig.

Ernährung (für 100g): 241 Kalorien 12,2 g Fett 60,2 g Kohlenhydrate 21 g Protein 855 mg Natrium

Couscous am Morgen

Zubereitungszeit: 10 Minuten

Kochzeit : 8 Minuten

Portionen: 4

Schwierigkeitsgrad : Durchschnitt

Zutaten:

- 3 c. fettarme Milch
- 1 c. Vollkorn-Couscous, ungekocht
- 1 Zimtstange
- ½ gehackte Aprikose, getrocknet
- ¼ c. Johannisbeeren, getrocknet
- 6 TL. brauner Zucker
- ¼ TL. Salz-
- 4 TL. geschmolzene Butter

Richtungen:

Nehmen Sie einen großen Topf und kombinieren Sie Milch und Zimtstange und erhitzen Sie sie bei mittlerer Hitze. 3 Minuten lang erhitzen oder bis sich Mikrobläschen um die Ränder der Pfanne bilden. Nicht kochen. Vom Herd nehmen, Couscous, Aprikosen, Johannisbeeren, Salz und 4 TL unterrühren. brauner Zucker. Decken Sie die Mischung ab und lassen Sie sie 15 Minuten ruhen. Zimtstange entfernen und wegwerfen. Couscous auf 4 Schüsseln verteilen und mit je 1 TL bedecken. geschmolzene Butter und ½ TL. brauner Zucker. Fertig zum Servieren.

Ernährung (für 100g): 306 Kalorien 6 g Fett 5 g Kohlenhydrate 9 g Protein 944 mg Natrium

Avocado-Apfel-Smoothie

Vorbereitungszeit: 5 Minuten

Kochzeit : 0 Minuten

Portionen: 2

Schwierigkeitsgrad: Leicht

Zutaten:

- 3 c. Spinat
- 1 entkernter grüner Apfel, gehackt
- 1 entkernte Avocado, geschält und gehackt
- 3 EL. Chiasamen
- 1 Teelöffel. Honig
- 1 gefrorene Banane, geschält
- 2 c. Kokosnusswasser

Richtungen:

Fügen Sie mit Ihrem Mixer alle Zutaten hinzu. 5 Minuten gut verarbeiten, um eine glatte Konsistenz zu erhalten und in Gläsern servieren.

Ernährung (für 100g): 208 Kalorien 10,1 g Fett 6 g Kohlenhydrate 7 g Protein 924 mg Natrium

Mini Frittatas

Zubereitungszeit: 10 Minuten
Kochzeit : 20 Minuten
Portionen: 8
Schwierigkeitsgrad: Leicht

Zutaten:

- 1 gehackte gelbe Zwiebel
- 1 c. geriebener Parmesan
- 1 gehackte gelbe Paprika
- 1 gehackte rote Paprika
- 1 gehackte Zucchini
- Salz und schwarzer Pfeffer
- Ein Schuss Olivenöl
- 8 verquirlte Eier
- 2 EL. gehackten Schnittlauch

Richtungen:

Stellen Sie eine Pfanne bei mittlerer Hitze auf. Öl zum Erwärmen hinzufügen. Alle Zutaten außer Schnittlauch und Eier unterrühren. Etwa 5 Minuten anbraten.

Die Eier in eine Muffinform geben und mit dem Schnittlauch bedecken. Stellen Sie den Ofen auf 350 F/176 C. Stellen Sie die Muffinform in den Ofen, um sie etwa 10 Minuten lang zu backen. Die Eier auf einem Teller mit sautiertem Gemüse servieren.

Ernährung (für 100g): 55 Kalorien 3g Fett 0,7g Kohlenhydrate 9g Protein 844mg Natrium

Sonnengetrocknete Tomaten Haferflocken

Zubereitungszeit: 10 Minuten

Kochzeit : 25 Minuten

Portionen: 4

Schwierigkeitsgrad: Leicht

Zutaten:

- 3 c. Wasser
- 1 c. Mandelmilch
- 1 EL. Olivenöl
- 1 c. stahlgeschnittener Hafer
- ¼ c. gehackte Tomaten, sonnengetrocknet
- Eine Prise rote Paprikaflocken

Richtungen:

Mit einer Pfanne Wasser und Milch zum Mischen hinzufügen. Auf mittlere Hitze stellen und aufkochen lassen. Stellen Sie eine weitere Pfanne bei mittlerer Hitze auf. Öl erhitzen und Haferflocken 2 Minuten kochen lassen. Übertragen Sie in die erste Pfanne plus Tomaten und rühren Sie dann um. Etwa 20 Minuten köcheln lassen. In Servierschalen anrichten und mit Paprikaflocken belegen. Genießen.

Ernährung (für 100g): 170 Kalorien 17,8 g Fett 1,5 g Kohlenhydrate 10 g Protein 645 mg Natrium

Frühstücksei auf Avocado

Vorbereitungszeit: 5 Minuten
Kochzeit : 15 Minuten
Portionen: 6
Schwierigkeitsgrad: Leicht

Zutaten:

- 1 Teelöffel. Knoblauchpulver
- ½ TL. Meersalz
- ¼ c. geriebener Parmesankäse
- ¼ TL. schwarzer Pfeffer
- 3 entkernte Avocados, halbiert
- 6 Eier

Richtungen:

Bereiten Sie die Muffinformen vor und bereiten Sie den Ofen auf 350 F/176 C vor. Teilen Sie die Avocado. Um sicherzustellen, dass das Ei in den Hohlraum der Avocado passt, kratze 1/3 des Fleisches leicht ab.

Avocado auf ein Muffinblech legen, um sicherzustellen, dass sie mit der Füllung zeigt. Jede Avocado gleichmäßig mit Pfeffer, Salz und Knoblauchpulver würzen. In jede Avocado-Höhle ein Ei geben und die Oberseiten mit Käse garnieren. Stellen Sie in Ihren Ofen, um zu backen, bis das Eiweiß fest ist, ungefähr 15 Minuten. Servieren und genießen.

Ernährung (für 100g): 252 Kalorien 20 g Fett 2 g Kohlenhydrate 5 g Protein 946 mg Natrium

Brekky Egg - Kartoffelhasch

Zubereitungszeit: 10 Minuten

Kochzeit : 25 Minuten

Portionen: 2

Schwierigkeitsgrad: Leicht

Zutaten:

- 1 Zucchini, gewürfelt
- ½ c. Hühnersuppe
- ½ lb. oder 220 g gekochtes Hühnchen
- 1 EL. Olivenöl
- 4 Unzen. oder 113g Garnelen
- Salz und schwarzer Pfeffer
- 1 gewürfelte Süßkartoffel
- 2 Eier
- ¼ TL. Cayenne Pfeffer
- 2 TL. Knoblauchpulver
- 1 c. frischer Spinat

Richtungen:

In einer Pfanne das Olivenöl hinzufügen. Garnelen, gekochtes Hühnchen und Süßkartoffel 2 Minuten braten. Cayennepfeffer und Knoblauchpulver hinzufügen und 4 Minuten rühren. Zucchini dazugeben und weitere 3 Minuten schwenken.

Die Eier in einer Schüssel verquirlen und in die Pfanne geben. Mit Salz und Pfeffer würzen. Mit dem Deckel abdecken. Noch 1 Minute kochen und mit der Hühnerbrühe vermischen.

Zugedeckt weitere 8 Minuten bei starker Hitze kochen. Spinat hinzufügen, weitere 2 Minuten schwenken und servieren.

Ernährung (für 100g): 198 Kalorien 0,7 g Fett 7 g Kohlenhydrate 10 g Protein 725 mg Natrium

Basilikum-Tomaten-Suppe

Zubereitungszeit: 10 Minuten

Kochzeit : 25 Minuten

Portionen: 2

Schwierigkeitsgrad : Durchschnitt

Zutaten:

- 2 EL. Gemüsebrühe
- 1 gehackte Knoblauchzehe
- ½ c. Weiße Zwiebel
- 1 gehackte Selleriestange
- 1 gehackte Karotte
- 3 c. Tomaten, gehackt
- Salz und Pfeffer
- 2 Lorbeerblätter
- 1 ½ c. ungesüßte Mandelmilch
- 1/3 c. Basilikumblätter

Richtungen:

Die Gemüsebrühe in einem großen Topf bei mittlerer Hitze kochen. Knoblauch und Zwiebeln dazugeben und 4 Minuten braten. Karotten und Sellerie dazugeben. 1 weitere Minute kochen.

Tomaten hineingeben und aufkochen. 15 Minuten köcheln lassen. Mandelmilch, Basilikum und Lorbeerblätter hinzufügen. Würzen und servieren.

Ernährung (für 100g): 213 Kalorien 3,9 g Fett 9 g Kohlenhydrate 11 g Protein 817 mg Natrium

Butternusskürbis Hummus

Zubereitungszeit: 10 Minuten
Kochzeit : 15 Minuten
Portionen: 4
Schwierigkeitsgrad: Leicht

Zutaten:

- 2 lbs. oder 900 g entkernter Butternusskürbis, geschält
- 1 EL. Olivenöl
- ¼ c. Tahini
- 2 EL. Zitronensaft
- 2 gehackte Knoblauchzehen
- Salz und Pfeffer

Richtungen:

Den Ofen auf 300 F/148 C erhitzen. Den Butternut-Kürbis mit Olivenöl bestreichen. In einer Auflaufform 15 Minuten im Ofen backen. Wenn der Kürbis gar ist, zusammen mit den restlichen Zutaten in eine Küchenmaschine geben.

Pulsieren bis glatt. Mit Karotten und Selleriestangen servieren. Für die weitere Verwendung in Einzelbehältern ein Etikett anbringen und im Kühlschrank aufbewahren. Vor dem Erhitzen im Mikrowellenherd auf Raumtemperatur erwärmen lassen.

Ernährung (für 100g): 115 Kalorien 5,8 g Fett 6,7 g Kohlenhydrate 10 g Protein 946 mg Natrium

Schinken-Muffins

Zubereitungszeit: 10 Minuten

Kochzeit : 15 Minuten

Portionen: 6

Schwierigkeitsgrad : Durchschnitt

Zutaten:

- 9 Schinkenscheiben
- 1/3 c. gehackter Spinat
- ¼ c. zerbröckelter Feta-Käse
- ½ c. gehackte geröstete rote Paprika
- Salz und schwarzer Pfeffer
- 1½ EL. Basilikumpesto
- 5 verquirlte Eier

Richtungen:

Eine Muffinform einfetten. Verwenden Sie 1 ½ Schinkenscheiben, um jede der Muffinformen auszukleiden. Bis auf schwarzen Pfeffer, Salz, Pesto und Eier teilen Sie den Rest der Zutaten in Ihre Schinkenbecher auf. In einer Schüssel Pfeffer, Salz, Pesto und Eier verquirlen. Gießen Sie Ihre Pfeffermischung darüber. Stellen Sie den Ofen auf 400 F/204 C und backen Sie ihn etwa 15 Minuten lang. Sofort servieren.

Ernährung (für 100g): 109 Kalorien 6,7 g Fett 1,8 g Kohlenhydrate 9 g Protein 386 mg Natrium

Farro Salat

Zubereitungszeit: 10 Minuten

Kochzeit : 0 Minuten

Portionen: 2

Schwierigkeitsgrad: Leicht

Zutaten:

- 1 EL. Olivenöl
- Salz und schwarzer Pfeffer
- 1 Bund Babyspinat, gehackt
- 1 entkernte Avocado, geschält und gehackt
- 1 gehackte Knoblauchzehe
- 2 c. gekochtes Farro
- ½ c. Kirschtomaten, gewürfelt

Richtungen:

Stellen Sie Ihre Hitze auf mittel ein. Öl in eine Pfanne geben und erhitzen. Restliche Zutaten unterheben. Kochen Sie die Mischung etwa 5 Minuten lang. Auf Tellern anrichten und genießen.

Ernährung (für 100g): 157 Kalorien 13,7 g Fett 5,5 g Kohlenhydrate 6 g Protein 615 mg Natrium

Cranberry- und Dattelquadrate

Zubereitungszeit: 10 Minuten

Kochzeit : 20 Minuten

Portionen: 10

Schwierigkeitsgrad: Leicht

Zutaten:

- 12 entkernte Datteln, gehackt
- 1 Teelöffel. Vanilleextrakt
- ¼ c. Honig
- ½ c. Haferflocken
- c. getrocknete Cranberries
- ¼ c. geschmolzenes Mandel-Avocado-Öl
- 1 c. gehackte Walnüsse, geröstet
- ¼ c. Kürbiskerne

Richtungen:

Mit einer Schüssel alle Zutaten unterrühren, um sie zu vermischen.

Ein Backpapier auf ein Backblech legen. Drücken Sie die Mischung auf das Setup. Etwa 30 Minuten in den Gefrierschrank stellen. In 10 Quadrate schneiden und genießen.

Ernährung (für 100g): 263 Kalorien 13,4 g Fett 14,3 g Kohlenhydrate 7 g Protein 845 mg Natrium

Linsen und Cheddar Frittata

Vorbereitungszeit: 5 Minuten

Kochzeit : 17 Minuten

Portionen: 4

Schwierigkeitsgrad: Leicht

Zutaten:

- 1 gehackte rote Zwiebel
- 2 EL. Olivenöl
- 1 c. gekochte Süßkartoffeln, gehackt
- c. Gehackter Schinken
- 4 verquirlte Eier
- c. gekochte Linsen
- 2 EL. griechischer Joghurt
- Salz und schwarzer Pfeffer
- ½ c. halbierte Kirschtomaten,
- c. geriebener Cheddar-Käse

Richtungen:

Stellen Sie Ihre Hitze auf mittlere ein und stellen Sie eine Pfanne auf. Öl zum Erhitzen hinzufügen. Zwiebel einrühren und etwa 2 Minuten anbraten lassen. Mit Ausnahme von Käse und Eiern die anderen Zutaten dazugeben und weitere 3 Minuten kochen lassen. Eier dazugeben, mit Käse belegen. Zugedeckt weitere 10 Minuten kochen.

Frittata in Scheiben schneiden, in Servierschalen anrichten und genießen.

Ernährung (für 100g): 274 Kalorien 17,3 g Fett 3,5 g Kohlenhydrate 6 g Protein 843 mg Natrium

Thunfisch Sandwich

Vorbereitungszeit: 5 Minuten

Kochzeit : 5 Minuten

Portionen: 2

Schwierigkeitsgrad: Leicht

Zutaten:

- 6 Unzen. oder 170 g Thunfisch aus der Dose, abgetropft und in Flocken
- 1 entkernte Avocado, geschält und püriert
- 4 Scheiben Vollkornbrot
- Prise Salz und schwarzer Pfeffer
- 1 EL. zerbröckelter Feta-Käse
- 1 c. Baby Spinat

Richtungen:

In einer Schüssel Pfeffer, Salz, Thunfisch und Käse unterrühren. Auf die Brotscheiben einen Aufstrich der zerdrückten Avocado auftragen.

Ebenso die Thunfisch-Mischung und den Spinat auf 2 der Scheiben verteilen. Mit den restlichen 2 Scheiben belegen. Dienen.

Ernährung (für 100g): 283 Kalorien 11,2 g Fett 3,4 g Kohlenhydrate 8 g Protein 754 mg Natrium

Dinkelsalat

Zubereitungszeit: 15 Minuten

Kochzeit : 30 Minuten

Portionen: 4

Schwierigkeitsgrad : Durchschnitt

Zutaten:

- <u>Salat</u>
- 2 ½ Tassen Gemüsebrühe
- ¾ Tasse zerbröckelter Feta-Käse
- 1 Dose Kichererbsen, abgetropft
- 1 Gurke, gehackt
- 1 ½ Tasse Perl-Dinkel
- 1 Esslöffel Olivenöl
- ½ geschnittene Zwiebel
- 2 Tassen Babyspinat, gehackt
- 1 Pint Kirschtomaten
- 1 ¼ Tassen Wasser
- <u>Dressing:</u>
- 2 Esslöffel Zitronensaft
- 1 Esslöffel Honig
- ¼ Tasse Olivenöl
- ¼ TL Oregano
- 1 Prise Paprikaflocken
- ¼ Teelöffel Salz

- 1 Esslöffel Rotweinessig

Richtungen:

Das Öl in einer Pfanne erhitzen. Den Dinkel zugeben und eine Minute kochen lassen. Achten Sie darauf, es während des Kochens regelmäßig umzurühren. Wasser und Brühe auffüllen, dann zum Kochen bringen. Hitze reduzieren und köcheln lassen, bis der Dinkel weich ist, etwa 30 Minuten. Das Wasser abgießen und den Dinkel in eine Schüssel geben.

Spinat dazugeben und mischen. Etwa 20 Minuten abkühlen lassen. Gurke, Zwiebeln, Tomaten, Paprika, Kichererbsen und Feta zugeben. Gut mischen, um eine gute Mischung zu erhalten. Treten Sie zurück und bereiten Sie das Dressing vor.

Alle Dressing-Zutaten mischen und glatt rühren. Gießen Sie es in die Schüssel und mischen Sie es gut. Nach Geschmack gut würzen.

Ernährung (für 100g): 365 Kalorien 10 g Fett 43 g Kohlenhydrate 13 g Protein 845 mg Natrium

Kichererbsen-Zucchini-Salat

Zubereitungszeit: 10 Minuten

Kochzeit : 0 Minuten

Portionen: 3

Schwierigkeitsgrad: Leicht

Zutaten:

- ¼ Tasse Balsamico-Essig
- 1/3 Tasse gehackte Basilikumblätter
- 1 Esslöffel Kapern, abgetropft und gehackt
- ½ Tasse zerbröckelter Feta-Käse
- 1 Dose Kichererbsen, abgetropft
- 1 Knoblauchzehe, gehackt
- ½ Tasse Kalamata-Oliven, gehackt
- 1/3 Tasse Olivenöl
- ½ Tasse süße Zwiebel, gehackt
- ½ TL Oregano
- 1 Prise Paprikaflocken, zerdrückt
- ¾ Tasse rote Paprika, gehackt
- 1 Esslöffel gehackter Rosmarin
- 2 Tassen Zucchini, gewürfelt
- Salz und Pfeffer nach Geschmack

Richtungen:

Das Gemüse in eine Schüssel geben und gut abdecken.

Bei Zimmertemperatur servieren. Die besten Ergebnisse erzielen Sie jedoch, wenn Sie die Schüssel vor dem Servieren einige Stunden in den Kühlschrank stellen, damit sich die Aromen vermischen können.

Ernährung (für 100g): 258 Kalorien 12 g Fett 19 g Kohlenhydrate 5,6 g Protein 686 mg Natrium

Provenzalischer Artischockensalat

Zubereitungszeit: 15 Minuten

Kochzeit : 5 Minuten

Portionen: 3

Schwierigkeitsgrad: Leicht

Zutaten:

- 9 Unzen Artischockenherzen
- 1 Teelöffel gehacktes Basilikum
- 2 Knoblauchzehen, gehackt
- 1 Zitronenschale
- 1 Esslöffel Oliven, gehackt
- 1 Esslöffel Olivenöl
- ½ gehackte Zwiebel
- 1 Prise, ½ Teelöffel Salz
- 2 Tomaten, gehackt
- 3 Esslöffel Wasser
- ½ Glas Weißwein
- Salz und Pfeffer nach Geschmack

Richtungen:

Das Öl in einer Pfanne erhitzen. Zwiebel und Knoblauch anbraten. Kochen bis die Zwiebeln glasig sind und mit einer Prise Salz würzen. Weißwein angießen und köcheln lassen, bis der Wein auf die Hälfte reduziert ist.

Gehackte Tomaten, Artischockenherzen und Wasser dazugeben. Köcheln lassen, dann die Zitronenschale und etwa ½ Teelöffel Salz hinzufügen. Bedecken Sie und kochen Sie für ungefähr 6 Minuten.

Oliven und Basilikum hinzufügen. Gut würzen und genießen!

Ernährung (für 100g): 147 Kalorien 13 g Fett 18 g Kohlenhydrate 4 g Protein 689 mg Natrium

Bulgarischer Salat

Zubereitungszeit: 10 Minuten

Kochzeit : 20 Minuten

Portionen: 2

Schwierigkeitsgrad : Durchschnitt

Zutaten:

- 2 Tassen Bulgur
- 1 Esslöffel Butter
- 1 Gurke, in Stücke geschnitten
- ¼ Tasse Dill
- ¼ Tasse schwarze Oliven, halbiert
- 1 Esslöffel, 2 Teelöffel Olivenöl
- 4 Tassen Wasser
- 2 Teelöffel Rotweinessig
- Salz, nach Geschmack

Richtungen:

In einem Topf den Bulgur auf einer Mischung aus Butter und Olivenöl anrösten. Kochen lassen, bis der Bulgur goldbraun ist und anfängt zu knacken.

Wasser hinzufügen und mit Salz würzen. Alles einwickeln und etwa 20 Minuten köcheln lassen oder bis der Bulgur zart ist.

In einer Schüssel die Gurkenstücke mit Olivenöl, Dill, Rotweinessig und schwarzen Oliven mischen. Alles gut vermischen.

Es kombiniert Gurke und Bulgur.

Ernährung (für 100g): 386 Kalorien 14 g Fett 55 g Kohlenhydrate 9 g Protein 545 mg Natrium

Falafel Salatschüssel

Zubereitungszeit: 15 Minuten

Kochzeit : 5 Minuten

Portionen: 2

Schwierigkeitsgrad: Leicht

Zutaten:

- 1 Esslöffel Chili-Knoblauch-Sauce
- 1 Esslöffel Knoblauch-Dill-Sauce
- 1 Packung vegetarische Falafel
- 1 Kiste Humus
- 2 Esslöffel Zitronensaft
- 1 Esslöffel entsteinte Kalamata-Oliven
- 1 Esslöffel natives Olivenöl extra
- ¼ Tasse Zwiebel, gewürfelt
- 2 Tassen gehackte Petersilie
- 2 Tassen knuspriges Pita
- 1 Prise Salz
- 1 Esslöffel Tahini-Sauce
- ½ Tasse Tomatenwürfel

Richtungen:

Die vorbereiteten Falafel kochen. Leg es zur Seite. Bereiten Sie den Salat vor. Petersilie, Zwiebel, Tomate, Zitronensaft, Olivenöl und Salz mischen. Werfen Sie alles weg und legen Sie alles beiseite. Alles in die Servierschüsseln geben. Petersilie dazugeben und mit Humus und Falafel bedecken. Schüssel mit Tahini-Sauce, Chili-Knoblauch-Sauce und Dillsauce bestreuen. Nach dem Servieren den Zitronensaft hinzufügen und den Salat gut mischen. Mit Fladenbrot an der Seite servieren.

Ernährung (für 100g): 561 Kalorien 11 g Fett 60,1 g Kohlenhydrate 18,5 g Protein 944 mg Natrium

Einfacher griechischer Salat

Zubereitungszeit: 15 Minuten

Kochzeit : 0 Minuten

Portionen: 2

Schwierigkeitsgrad: Leicht

Zutaten:

- 4 oz griechischer Fetakäse, gewürfelt,
- 5 Gurken, längs geschnitten
- 1 Teelöffel Honig
- 1 Zitrone, gekaut und gerieben
- 1 Tasse Kalamata-Oliven, entkernt und halbiert
- ¼ Tasse natives Olivenöl extra
- 1 Zwiebel, in Scheiben geschnitten
- 1 Teelöffel Oregano
- 1 Prise frischer Oregano (zum Garnieren)
- 12 Tomaten, geviertelt
- ¼ Tasse Rotweinessig
- Salz und Pfeffer nach Geschmack

Richtungen:

In einer Schüssel die Zwiebeln in Salzwasser 15 Minuten einweichen. In einer großen Schüssel Honig, Zitronensaft, Zitronenschale, Oregano, Salz und Pfeffer vermischen. Alles mischen. Nach und nach das Olivenöl unter Rühren hinzufügen, bis das Öl emulgiert. Oliven und Tomaten dazugeben. Setzen Sie es richtig. Gurken hinzufügen

Die in Salzwasser eingeweichten Zwiebeln abgießen und zur Salatmischung geben. Den Salat mit frischem Oregano und Feta belegen. Mit Olivenöl beträufeln und nach Belieben mit Pfeffer würzen.

Ernährung (für 100g): 292 Kalorien 17 g Fett 12 g Kohlenhydrate 6 g Protein 743 mg Natrium

Rucolasalat mit Feigen und Walnüssen

Zubereitungszeit: 15 Minuten

Kochzeit : 10 Minuten

Portionen: 2

Schwierigkeitsgrad: Leicht

Zutaten:

- 5 Unzen Rucola
- 1 Karotte, ausgekratzt
- 1/8 Teelöffel Cayennepfeffer
- 3 Unzen Ziegenkäse, zerbröckelt
- 1 Dose salzfreie Kichererbsen, abgetropft
- ½ Tasse getrocknete Feigen, in Spalten geschnitten
- 1 Teelöffel Honig
- 3 Esslöffel Olivenöl
- 2 Teelöffel Balsamico-Essig
- ½ Walnüsse halbiert
- Salz, nach Geschmack

Richtungen:

Den Backofen auf 175 Grad vorheizen. In einer Auflaufform die Nüsse, 1 Esslöffel Olivenöl, Cayennepfeffer und 1/8 Teelöffel Salz vermischen. Übertragen Sie das Backblech in den Ofen und backen Sie es, bis die Nüsse goldbraun sind. Legen Sie es beiseite, wenn Sie fertig sind.

In einer Schüssel Honig, Balsamico-Essig, 2 Esslöffel Öl und ¾ Teelöffel Salz vermischen.

Rucola, Karotte und Feigen in einer großen Schüssel vermengen. Nüsse und Ziegenkäse dazugeben und mit Balsamico-Honig-Vinaigrette beträufeln. Stellen Sie sicher, dass Sie alles abdecken.

Ernährung (für 100g): 403 Kalorien 9g Fett 35g Kohlenhydrate 13g Protein 844mg Natrium

Hähnchen-Fiesta-Salat

Zubereitungszeit: 20 Minuten

Kochzeit : 20 Minuten

Portionen: 4

Schwierigkeitsgrad: Leicht

Zutaten:

- 2 Hälften Hähnchenfilet ohne Haut oder Knochen
- 1 Päckchen Kräuter für Fajitas, geteilt
- 1 Esslöffel Pflanzenöl
- 1 Dose schwarze Bohnen, abgespült und abgetropft
- 1 Schachtel Mais nach mexikanischer Art
- 1/2 Tasse Salsa
- 1 Päckchen grüner Salat
- 1 Zwiebel, gehackt
- 1 Tomate, geviertelt

Richtungen:

Reiben Sie das Huhn gleichmäßig mit 1/2 der Kräuter für Fajitas ein. Kochen Sie das Öl in einer Pfanne bei mittlerer Hitze und kochen Sie das Huhn 8 Minuten lang nebeneinander oder bis der Saft klar ist; zur Seite legen. Bohnen, Mais, Salsa und andere 1/2 Fajita-Gewürze in einer großen Pfanne vermischen. Bei mittlerer Hitze lauwarm erhitzen. Bereiten Sie den Salat vor, indem Sie grünes Gemüse, Zwiebeln und Tomaten mischen. Den Hühnersalat abdecken und die Bohnen-Mais-Mischung anrichten.

Ernährung (für 100g): 311 Kalorien 6,4 g Fett 42,2 g Kohlenhydrate 23 g Protein 853 mg Natrium

Mais- und Schwarzbohnensalat

Zubereitungszeit: 10 Minuten

Kochzeit : 0 Minuten

Portionen: 4

Schwierigkeitsgrad: Leicht

Zutaten:

- 2 Esslöffel Pflanzenöl
- 1/4 Tasse Balsamico-Essig
- 1/2 Teelöffel Salz
- 1/2 Teelöffel weißer Zucker
- 1/2 Teelöffel gemahlener Kreuzkümmel
- 1/2 Teelöffel gemahlener schwarzer Pfeffer
- 1/2 Teelöffel Chilipulver
- 3 EL gehackter frischer Koriander
- 1 Dose schwarze Bohnen (15 oz)
- 1 Dose gesüßter Mais (8,75 oz) abgetropft

Richtungen:

Balsamico-Essig, Öl, Salz, Zucker, schwarzer Pfeffer, Kreuzkümmel und Chilipulver in einer kleinen Schüssel vermischen. Kombinieren Sie schwarzen Mais und Bohnen in einer mittelgroßen Schüssel. Mit Essig und Öl-Vinaigrette mischen und mit Koriander garnieren. Abdecken und über Nacht kühl stellen.

Ernährung (für 100g): 214 Kalorien 8,4 g Fett 28,6 g Kohlenhydrate 7,5 g Protein 415 mg Natrium

Toller Nudelsalat

Zubereitungszeit: 30 Minuten

Kochzeit : 10 Minuten

Portionen: 16

Schwierigkeitsgrad : Durchschnitt

Zutaten:

- 1 (16-oz) Fusilli-Pasta-Paket
- 3 Tassen Kirschtomaten
- 1/2 Pfund Provolon, gewürfelt
- 1/2 Pfund Wurst, gewürfelt
- 1/4 Pfund Peperoni, halbiert
- 1 große grüne Paprika
- 1 Dose schwarze Oliven, abgetropft
- 1 Glas Chili, abgetropft
- 1 Flasche (8 oz) italienische Vinaigrette

Richtungen:

In einem Topf leicht gesalzenes Wasser aufkochen. Die Nudeln einrühren und etwa 8 bis 10 Minuten oder bissfest kochen. Abgießen und mit kaltem Wasser abspülen.

Nudeln mit Tomaten, Käse, Salami, Peperoni, grünem Pfeffer, Oliven und Paprika in einer großen Schüssel vermengen. Die Vinaigrette einfüllen und gut vermischen.

Ernährung (für 100g): 310 Kalorien 17,7 g Fett 25,9 g Kohlenhydrate 12,9 g Protein 746 mg Natrium

Thunfischsalat

Zubereitungszeit: 20 Minuten

Kochzeit : 0 Minuten

Portionen: 4

Schwierigkeitsgrad: Leicht

Zutaten:

- 1 (19 Unzen) Dose Kichererbsenbohnen
- 2 Esslöffel Mayonnaise
- 2 Teelöffel scharfer brauner Senf
- 1 Esslöffel süße Gurke
- Salz und Pfeffer nach Geschmack
- 2 gehackte Frühlingszwiebeln

Richtungen:

Kombinieren Sie grüne Bohnen, Mayonnaise, Senf, Sauce, gehackte Frühlingszwiebeln, Salz und Pfeffer in einer mittelgroßen Schüssel. Gut mischen.

Ernährung (für 100g): 220 Kalorien 7,2 g Fett 32,7 g Kohlenhydrate 7 g Protein 478 mg Natrium

Südlicher Kartoffelsalat

Zubereitungszeit: 15 Minuten

Kochzeit : 15 Minuten

Portionen: 4

Schwierigkeitsgrad : Durchschnitt

Zutaten:

- 4 Kartoffeln
- 4 Eier
- 1/2 Stange Sellerie, fein gehackt
- 1/4 Tasse süßer Geschmack
- 1 Knoblauchzehe gehackt
- 2 Esslöffel Senf
- 1/2 Tasse Mayonnaise
- Salz und Pfeffer nach Geschmack

Richtungen:

Kochen Sie Wasser in einem Topf, stellen Sie dann die Kartoffeln auf und kochen Sie sie etwa 15 Minuten lang, bis sie weich, aber noch fest sind; abtropfen lassen und hacken. Die Eier in eine Pfanne geben und mit kaltem Wasser bedecken.

Kochen Sie das Wasser; abdecken, vom Herd nehmen und die Eier 10 Minuten in heißem Wasser einweichen lassen. Dann herausnehmen und hacken.

Kartoffeln, Eier, Sellerie, süße Sauce, Knoblauch, Senf, Mayonnaise, Salz und Pfeffer in einer großen Schüssel vermengen. Mischen und heiß servieren.

Ernährung (für 100g): 460 Kalorien 27,4 g Fett 44,6 g Kohlenhydrate 11,3 g Protein 214 mg Natrium

Sieben-schichtiger Salat

Zubereitungszeit: 15 Minuten

Kochzeit : 5 Minuten

Portionen: 10

Schwierigkeitsgrad : Durchschnitt

Zutaten:

- 1 Pfund Speck
- 1 Kopf Eisbergsalat
- 1 rote Zwiebel, gehackt
- 1 Packung mit 10 gefrorenen Erbsen, aufgetaut
- 10 Unzen geriebener Cheddar-Käse
- 1 Tasse gehackter Blumenkohl
- 1 1/4 Tasse Mayonnaise
- 2 Esslöffel weißer Zucker
- 2/3 Tasse geriebener Parmesankäse

Richtungen:

Den Speck in eine große, flache Pfanne geben. Bei mittlerer Hitze glatt backen. Zerbröseln und beiseite stellen. Den gehackten Salat in eine große Schüssel geben und mit einer Schicht Zwiebel, Erbsen, geriebenem Käse, Blumenkohl und Speck bedecken.

Bereiten Sie die Vinaigrette zu, indem Sie Mayonnaise, Zucker und Parmesankäse mischen. Über den Salat gießen und abkühlen lassen.

Ernährung (für 100g): 387 Kalorien 32,7 g Fett 9,9 g Kohlenhydrate 14,5 g Protein 609 mg Natrium

Grünkohl-Quinoa-Avocado-Salat mit Zitronen-Dijon-Vinaigrette

Vorbereitungszeit: 5 Minuten

Kochzeit : 25 Minuten

Portionen: 4

Schwierigkeitsgrad: Schwer D

Zutaten:

- 2/3 Tasse Quinoa
- 1 1/3 Tasse Wasser
- 1 Bund Grünkohl, in mundgerechte Stücke gerissen
- 1/2 Avocado - geschält, gewürfelt und entkernt
- 1/2 Tasse gehackte Gurke
- 1/3 Tasse gehackte rote Paprika
- 2 Esslöffel gehackte rote Zwiebel
- 1 Esslöffel Feta zerbröselt

Richtungen:

Kochen Sie Quinoa und 1 1/3 Tasse Wasser in einer Pfanne. Hitze regulieren und köcheln lassen, bis Quinoa weich ist und das Wasser etwa 15 bis 20 Minuten absorbiert ist. Zum Abkühlen beiseite stellen.

Legen Sie den Kohl in einen Dampfkorb über mehr als 2,5 cm kochendem Wasser in einer Pfanne. Verschließen Sie die Pfanne mit einem Deckel und dämpfen Sie sie etwa 45 Sekunden lang, bis sie heiß ist; auf einen großen Teller übertragen. Mit Kohl, Quinoa, Avocado, Gurke, Pfeffer, roten Zwiebeln und Feta garnieren.

Kombinieren Sie Olivenöl, Zitronensaft, Dijon-Senf, Meersalz und schwarzen Pfeffer in einer Schüssel, bis das Öl im Dressing emulgiert ist; über den Salat gießen.

Ernährung (für 100g): 342 Kalorien 20,3 g Fett 35,4 g Kohlenhydrate 8,9 g Protein 705 mg Natrium

Hühnchensalat

Zubereitungszeit: 20 Minuten

Kochzeit : 0 Minuten

Portionen: 9

Schwierigkeitsgrad: Leicht

Zutaten:

- 1/2 Tasse Mayonnaise
- 1/2 Teelöffel Salz
- 3/4 Teelöffel Geflügelkräuter
- 1 Esslöffel Zitronensaft
- 3 Tassen gekochte Hähnchenbrust, gewürfelt
- 1/4 Teelöffel gemahlener schwarzer Pfeffer
- 1/4 Teelöffel Knoblauchpulver
- 1/4 Teelöffel Zwiebelpulver
- 1/2 Tasse fein gehackter Sellerie
- 1 (8 oz) Schachtel Wasserkastanien, abgetropft und gehackt
- 1/2 Tasse gehackte Frühlingszwiebeln
- 1 1/2 Tassen grüne Trauben halbiert cut
- 1 1/2 Tassen gewürfelter Schweizer Käse

Richtungen:

Mayonnaise, Salz, Hühnergewürze, Zwiebelpulver, Knoblauchpulver, Pfeffer und Zitronensaft in einer mittelgroßen Schüssel vermischen. Kombinieren Sie Huhn, Sellerie, Frühlingszwiebeln, Wasserkastanien, Schweizer Käse und Rosinen in einer großen Schüssel. Mayonnaise-Mischung einrühren und bestreichen. Bis zum Servieren abkühlen.

Ernährung (für 100g): 293 Kalorien 19,5 g Fett 10,3 g Kohlenhydrate 19,4 g Protein 454 mg Natrium

Cobb-Salat

Vorbereitungszeit: 5 Minuten

Kochzeit : 15 Minuten

Portionen: 6

Schwierigkeitsgrad: Schwer D

Zutaten:

- 6 Scheiben Speck
- 3 Eier
- 1 Tasse Eisbergsalat, gerieben
- 3 Tassen gekochtes Hühnerhackfleisch
- 2 Tomaten, entkernt und gehackt
- 3/4 Tasse Blauschimmelkäse, zerbröckelt
- 1 Avocado – geschält, entkernt und gewürfelt
- 3 Frühlingszwiebeln, gehackt
- 1 Flasche (8 oz.) Ranch Vinaigrette

Richtungen:

Legen Sie die Eier in eine Pfanne und weichen Sie sie vollständig mit kaltem Wasser ein. Kochen Sie das Wasser. Abdecken und vom Herd nehmen und die Eier 10 bis 12 Minuten in heißem Wasser ruhen lassen. Aus dem heißen Wasser nehmen, abkühlen lassen, schälen und hacken. Legen Sie den Speck in eine große, tiefe Pfanne. Bei mittlerer Hitze glatt backen. Beiseite legen.

Den geriebenen Salat auf separate Teller aufteilen. Hühnchen, Eier, Tomaten, Blauschimmelkäse, Speck, Avocado und Frühlingszwiebeln in Reihen auf dem Salat verteilen. Mit Ihrer Lieblingsvinaigrette bestreuen und genießen.

Ernährung (für 100g): 525 Kalorien 39,9 g Fett 10,2 g Kohlenhydrate 31,7 g Protein 701 mg Natrium

Brokkolisalat

Zubereitungszeit: 10 Minuten

Kochzeit : 15 Minuten

Portionen: 6

Schwierigkeitsgrad : Durchschnitt

Zutaten:

- 10 Scheiben Speck
- 1 Tasse frischer Brokkoli
- ¼ Tasse rote Zwiebel, gehackt
- ½ Tasse Rosinen
- 3 Esslöffel Weißweinessig
- 2 Esslöffel weißer Zucker
- 1 Tasse Mayonnaise
- 1 Tasse Sonnenblumenkerne

Richtungen:

Den Speck in einer Pfanne bei mittlerer Hitze anbraten. Abgießen, zerbröseln und beiseite stellen. Brokkoli, Zwiebel und Rosinen in einer mittelgroßen Schüssel mischen. Essig, Zucker und Mayonnaise in einer kleinen Schüssel vermischen. Über die Brokkoli-Mischung gießen und mischen. Mindestens zwei Stunden abkühlen lassen.

Vor dem Servieren den Salat mit zerbröckeltem Speck und Sonnenblumenkernen mischen.

Ernährung (für 100g): 559 Kalorien 48,1 g Fett 31 g Kohlenhydrate 18 g Protein 584 mg Natrium

Erdbeer-Spinat-Salat

Zubereitungszeit: 10 Minuten

Kochzeit : 0 Minuten

Portionen: 4

Schwierigkeitsgrad: Leicht

Zutaten:

- 2 Esslöffel Sesamkörner
- 1 Esslöffel Mohn
- 1/2 Tasse weißer Zucker
- 1/2 Tasse Olivenöl
- 1/4 Tasse destillierter weißer Essig
- 1/4 Teelöffel Paprika
- 1/4 Teelöffel Worcestershiresauce
- 1 Esslöffel gehackte Zwiebel
- 10 Unzen frischer Spinat
- 1 Liter Erdbeeren - gereinigt, geschält und in Scheiben geschnitten
- 1/4 Tasse Mandeln, blanchiert und gerieben

Richtungen:

In einer mittelgroßen Schüssel die gleichen Samen, Mohn, Zucker, Olivenöl, Essig, Paprika, Worcestershire-Sauce und Zwiebel verquirlen. Abdecken und eine Stunde kalt stellen.

In eine große Schüssel Spinat, Erdbeeren und Mandeln geben. Dressing über den Salat träufeln und vermengen. 10 bis 15 Minuten vor dem Servieren kühl stellen.

Ernährung (für 100g): 491 Kalorien 35,2 g Fett 42,9 g Kohlenhydrate 6 g Protein 691 mg Natrium

Birnensalat mit Roquefortkäse

Zubereitungszeit: 20 Minuten

Kochzeit : 10 Minuten

Portionen: 2

Schwierigkeitsgrad : Durchschnitt

Zutaten:

- 1 Blatt Salat, in mundgerechte Stücke gerissen
- 3 Birnen - geschält, entkernt und gewürfelt
- 5 Unzen Roquefort, zerbröselt
- 1 Avocado – geschält, entkernt und gewürfelt
- 1/2 Tasse gehackte Frühlingszwiebeln
- 1/4 Tasse weißer Zucker
- 1/2 Tasse Pekannüsse
- 1/3 Tasse Olivenöl
- 3 Esslöffel Rotweinessig
- 1 1/2 Teelöffel weißer Zucker
- 1 1/2 Teelöffel zubereiteter Senf
- 1/2 Teelöffel gesalzener schwarzer Pfeffer
- 1 Knoblauchzehe

Richtungen:

1/4 Tasse Zucker mit den Pekannüssen in einer Pfanne bei mittlerer Hitze einrühren. Weiter vorsichtig rühren, bis der Zucker mit Pekannüssen karamellisiert ist. Übertragen Sie die Nüsse vorsichtig auf Wachspapier. Abkühlen lassen und in Stücke brechen.

Für Vinaigretteöl, Marinade, 1 1/2 Teelöffel Zucker, Senf, gehackten Knoblauch, Salz und Pfeffer mischen.

In einer tiefen Schüssel Salat, Birnen, Blauschimmelkäse, Avocado und Frühlingszwiebeln mischen. Vinaigrette über den Salat geben, mit Pekannüssen bestreuen und servieren.

Ernährung (für 100g): 426 Kalorien 31,6 g Fett 33,1 g Kohlenhydrate 8 g Protein 481 mg Natrium

Mexikanische Bohnensalat

Zubereitungszeit: 15 Minuten

Kochzeit : 0 Minuten

Portionen: 6

Schwierigkeitsgrad: Leicht

Zutaten:

- 1 Dose schwarze Bohnen (15 oz), abgetropft
- 1 Dose rote Bohnen (15 oz), abgetropft
- 1 Dose weiße Bohnen (15 oz), abgetropft
- 1 grüne Paprika, gehackt
- 1 rote Paprika, gehackt
- 1 Packung gefrorene Maiskörner
- 1 rote Zwiebel, gehackt
- 2 Esslöffel frischer Limettensaft
- 1/2 Tasse Olivenöl
- 1/2 Tasse Rotweinessig
- 1 Esslöffel Zitronensaft
- 1 Esslöffel Salz
- 2 Esslöffel weißer Zucker
- 1 zerdrückte Knoblauchzehe
- 1/4 Tasse gehackter Koriander
- 1/2 Esslöffel gemahlener Kreuzkümmel
- 1/2 Esslöffel gemahlener schwarzer Pfeffer
- 1 Schuss scharfe Paprikasauce

- 1/2 Teelöffel Chilipulver

Richtungen:

Kombinieren Sie Bohnen, Paprika, gefrorenen Mais und rote Zwiebeln in einer großen Schüssel. Olivenöl, Limettensaft, Rotweinessig, Zitronensaft, Zucker, Salz, Knoblauch, Koriander, Kreuzkümmel und schwarzen Pfeffer in einer kleinen Schüssel vermengen – mit scharfer Sauce und Chilipulver würzen.

Die Vinaigrette mit Olivenöl über das Gemüse gießen; gut mischen. Gut abkühlen lassen und kalt servieren.

Ernährung (für 100g): 334 Kalorien 14,8 g Fett 41,7 g Kohlenhydrate 11,2 g Protein 581 mg Natrium

Melonensalat

Zubereitungszeit: 20 Minuten

Kochzeit : 0 Minuten

Portionen: 6

Schwierigkeitsgrad : Durchschnitt

Zutaten:

- ¼ Teelöffel Meersalz
- ¼ Teelöffel schwarzer Pfeffer
- 1 Esslöffel Balsamico-Essig
- 1 Melone, geviertelt und entkernt
- 12 Wassermelonen, klein & kernlos
- 2 Tassen Mozzarellakugeln, frisch
- 1/3 Tasse Basilikum, frisch & zerrissen
- 2 EL. Olivenöl

Richtungen:

Kratzen Sie Melonenbällchen aus und legen Sie sie in ein Sieb über einer Servierschüssel. Verwenden Sie Ihren Melonenballer, um auch die Wassermelone zu schneiden, und legen Sie sie dann mit Ihrer Melone hinein.

Lassen Sie Ihre Früchte zehn Minuten lang abtropfen und kühlen Sie dann den Saft für ein anderes Rezept. Es kann sogar Smoothies hinzugefügt werden. Wische die Schüssel trocken und lege dann deine Früchte hinein.

Fügen Sie Basilikum, Öl, Essig, Mozzarella und Tomaten hinzu, bevor Sie mit Salz und Pfeffer würzen. Vorsichtig mischen und sofort oder gekühlt servieren.

Ernährung (für 100g): 218 Kalorien 13 g Fett 9 g Kohlenhydrate 10 g Protein 581 mg Natrium

Orangen-Sellerie-Salat

Zubereitungszeit: 15 Minuten

Kochzeit : 0 Minuten

Portionen: 6

Schwierigkeitsgrad: Leicht

Zutaten:

- 1 EL Zitronensaft, frisch
- ¼ Teelöffel Meersalz, fein
- ¼ Teelöffel schwarzer Pfeffer
- 1 Esslöffel Olivenlake
- 1 Esslöffel Olivenöl
- ¼ Tasse rote Zwiebel, in Scheiben geschnitten
- ½ Tasse grüne Oliven
- 2 Orangen, geschält & in Scheiben geschnitten
- 3 Selleriestangen, diagonal in ½-Zoll-Scheiben geschnitten

Richtungen:

Legen Sie Ihre Orangen, Oliven, Zwiebeln und Sellerie in eine flache Schüssel. In einer anderen Schüssel Öl, Olivenöl und Zitronensaft verquirlen und über den Salat gießen. Vor dem Servieren mit Salz und Pfeffer würzen.

Ernährung (für 100g): 65 Kalorien 7 g Fett 9 g Kohlenhydrate 2 g Protein 614 mg Natrium

Gebratener Brokkolisalat

Zubereitungszeit: 20 Minuten

Kochzeit : 10 Minuten

Portionen: 4

Schwierigkeitsgrad: Schwer D

Zutaten:

- 1 Pfund Brokkoli, in Röschen geschnitten und Stängel in Scheiben geschnitten
- 3 EL Olivenöl, geteilt
- 1 Pint Kirschtomaten
- 1 ½ Teelöffel Honig, roh & geteilt
- 3 Tassen gewürfeltes Brot, Vollkorn
- 1 Esslöffel Balsamico-Essig
- ½ Teelöffel schwarzer Pfeffer
- ¼ Teelöffel Meersalz, fein
- geriebener Parmesan zum Servieren

Richtungen:

Bereiten Sie den Ofen auf 450 Grad vor und nehmen Sie dann ein Backblech mit Rand heraus. Legen Sie es in den Ofen, um es aufzuheizen. Beträufeln Sie Ihren Brokkoli mit einem Esslöffel Öl und werfen Sie ihn zum Überziehen.

Nehmen Sie das Backblech aus dem Ofen und löffeln Sie den Brokkoli darauf. Lassen Sie das Öl auf dem Boden der Schüssel, fügen Sie Ihre Tomaten hinzu, werfen Sie sie zum Überziehen und werfen Sie dann Ihre Tomaten mit einem Esslöffel Honig. Gießen Sie sie auf das gleiche Backblech wie Ihren Brokkoli.

15 Minuten rösten und nach der Hälfte der Garzeit umrühren. Fügen Sie Ihr Brot hinzu und rösten Sie es weitere drei Minuten. Zwei Esslöffel Öl, Essig und restlichen Honig verquirlen. Mit Salz und Pfeffer würzen. Gießen Sie dies zum Servieren über Ihre Brokkoli-Mischung.

Ernährung (für 100g): 226 Kalorien 12 g Fett 26 g Kohlenhydrate 7 g Protein 581 mg Natrium

Tomatensalat

Zubereitungszeit: 20 Minuten

Kochzeit : 0 Minuten

Portionen: 4

Schwierigkeitsgrad: Leicht

Zutaten:

- 1 Gurke, in Scheiben geschnitten
- ¼ Tasse sonnengetrocknete Tomaten, gehackt
- 1 Pfund Tomaten, gewürfelt
- ½ Tasse schwarze Oliven
- 1 rote Zwiebel, in Scheiben geschnitten
- 1 Esslöffel Balsamico-Essig
- ¼ Tasse Petersilie, frisch & gehackt
- 2 Esslöffel Olivenöl
- Meersalz und schwarzer Pfeffer nach Geschmack

Richtungen:

Holen Sie eine Schüssel heraus und kombinieren Sie Ihr gesamtes Gemüse. Um Ihr Dressing zuzubereiten, mischen Sie alle Gewürze, Olivenöl und Essig. Mit Ihrem Salat mischen und frisch servieren.

Ernährung (für 100g): 126 Kalorien 9,2 g Fett 11,5 g Kohlenhydrate 2,1 g Protein 681 mg Natrium

Feta-Rüben-Salat

Zubereitungszeit: 15 Minuten

Kochzeit : 0 Minuten

Portionen: 4

Schwierigkeitsgrad: Leicht

Zutaten:

- 6 Rote Bete, gekocht & geschält
- 3 Unzen Feta-Käse, gewürfelt
- 2 Esslöffel Olivenöl
- 2 Esslöffel Balsamico-Essig

Richtungen:

Alles miteinander vermischen und dann servieren.

Ernährung (für 100g): 230 Kalorien 12 g Fett 26,3 g Kohlenhydrate 7,3 g Protein 614 mg Natrium

Blumenkohl-Tomaten-Salat

Zubereitungszeit: 15 Minuten

Kochzeit : 0 Minuten

Portionen: 4

Schwierigkeitsgrad: Leicht

Zutaten:

- 1 Kopf Blumenkohl, gehackt
- 2 EL Petersilie, frisch & gehackt
- 2 Tassen Kirschtomaten, halbiert
- 2 EL Zitronensaft, frisch
- 2 Esslöffel Pinienkerne
- Meersalz und schwarzer Pfeffer nach Geschmack

Richtungen:

Zitronensaft, Kirschtomaten, Blumenkohl und Petersilie vermischen und dann würzen. Mit Pinienkernen bestreuen und vor dem Servieren gut mischen.

Ernährung (für 100g): 64 Kalorien 3,3 g Fett 7,9 g Kohlenhydrate 2,8 g Protein 614 mg Natrium

Pilaw mit Frischkäse

Zubereitungszeit: 20 Minuten

Kochzeit : 10 Minuten

Portionen: 6

Schwierigkeitsgrad : Durchschnitt

Zutaten:

- 2 Tassen gelber Langkornreis, parboiled
- 1 Tasse Zwiebel
- 4 Frühlingszwiebeln
- 3 Esslöffel Butter
- 3 Esslöffel Gemüsebrühe
- 2 Teelöffel Cayennepfeffer
- 1 Teelöffel Paprika
- ½ Teelöffel Nelken, gehackt
- 2 EL Minzblätter, frisch & gehackt
- 1 Bund frische Minzblätter zum Garnieren
- 1 Esslöffel Olivenöl
- Meersalz und schwarzer Pfeffer nach Geschmack
- <u>Käsecreme:</u>
- 3 Esslöffel Olivenöl
- Meersalz und schwarzer Pfeffer nach Geschmack
- 9 Unzen Frischkäse

Richtungen:

Bereiten Sie den Ofen bei 360 Grad vor und ziehen Sie dann eine Pfanne heraus. Erhitzen Sie Butter und Olivenöl zusammen und kochen Sie Ihre Zwiebeln und Frühlingszwiebeln zwei Minuten lang.

Fügen Sie Salz, Pfeffer, Paprika, Nelken, Gemüsebrühe, Reis und restliche Gewürze hinzu. Drei Minuten anbraten. Mit Folie umwickeln und eine weitere halbe Stunde backen. Lassen Sie es abkühlen.

Frischkäse, Käse, Olivenöl, Salz und Pfeffer unterrühren. Servieren Sie Ihren Pilaw mit frischen Minzblättern garniert.

Ernährung (für 100g): 364 Kalorien 30g Fett 20g Kohlenhydrate 5g Protein 511mg Natrium

Salat mit gebratenen Auberginen

Zubereitungszeit: 10 Minuten

Kochzeit : 20 Minuten

Portionen: 6

Schwierigkeitsgrad: Leicht

Zutaten:

- 1 rote Zwiebel, in Scheiben geschnitten
- 2 EL Petersilie, frisch & gehackt
- 1 Teelöffel Thymian
- 2 Tassen Kirschtomaten, halbiert
- Meersalz und schwarzer Pfeffer nach Geschmack
- 1 Teelöffel Oregano
- 3 Esslöffel Olivenöl
- 1 Teelöffel Basilikum
- 3 Auberginen, geschält & gewürfelt

Richtungen:

Beginnen Sie mit dem Erhitzen Ihres Ofens auf 350. Würzen Sie Ihre Aubergine mit Basilikum, Salz, Pfeffer, Oregano, Thymian und Olivenöl. Auf ein Backblech legen und eine halbe Stunde backen. Vor dem Servieren mit den restlichen Zutaten vermengen.

Ernährung (für 100g): 148 Kalorien 7,7 g Fett 20,5 g Kohlenhydrate 3,5 g Protein 660 mg Natrium

Gebratenes Gemüse

Vorbereitungszeit: 5 Minuten

Kochzeit : 15 Minuten

Portionen: 12

Schwierigkeitsgrad: Leicht

Zutaten:

- 6 Knoblauchzehen
- 6 Esslöffel Olivenöl
- 1 Fenchelknolle, gewürfelt
- 1 Zucchini, gewürfelt
- 2 rote Paprika, gewürfelt
- 6 Kartoffeln, groß & gewürfelt
- 2 Teelöffel Meersalz
- ½ Tasse Balsamico-Essig
- ¼ Tasse Rosmarin, gehackt und frisch
- 2 Teelöffel Gemüsebouillonpulver

Richtungen:

Beginnen Sie mit dem Erhitzen Ihres Ofens auf 400. Legen Sie Ihre Kartoffeln, Fenchel, Zucchini, Knoblauch und Fenchel auf eine Auflaufform und beträufeln Sie sie mit Olivenöl. Mit Salz, Bouillonpulver und Rosmarin bestreuen. Gut mischen und dann bei 450 für dreißig bis vierzig Minuten backen. Mischen Sie Ihren Essig vor dem Servieren in das Gemüse.

Ernährung (für 100g): 675 Kalorien 21 g Fett 112 g Kohlenhydrate 13 g Protein 718 mg Natrium

Pistazien-Rucola-Salat

Zubereitungszeit: 20 Minuten

Kochzeit : 0 Minuten

Portionen: 6

Schwierigkeitsgrad: Leicht

Zutaten:

- 6 Tassen Grünkohl, gehackt
- ¼ Tasse Olivenöl
- 2 EL Zitronensaft, frisch
- ½ Teelöffel geräucherter Paprika
- 2 Tassen Rucola
- 1/3 Tasse Pistazien, ungesalzen und geschält
- 6 EL Parmesankäse, gerieben

Richtungen:

Holen Sie eine Salatschüssel heraus und kombinieren Sie Öl, Zitrone, geräucherte Paprika und Grünkohl. Die Blätter eine halbe Minute lang sanft einmassieren. Ihr Grünkohl sollte gut beschichtet sein. Mischen Sie Rucola und Pistazien vorsichtig, wenn Sie sie servieren.

Ernährung (für 100g): 150 Kalorien 12 g Fett 8 g Kohlenhydrate 5 g Protein 637 mg Natrium

Parmesan-Gersten-Risotto

Zubereitungszeit: 10 Minuten

Kochzeit : 20 Minuten

Portionen: 6

Schwierigkeitsgrad: Schwer D

Zutaten:

- 1 Tasse gelbe Zwiebel, gehackt
- 1 Esslöffel Olivenöl
- 4 Tassen Gemüsebrühe, natriumarm
- 2 Tassen Graupen, ungekocht
- ½ Tasse trockener Weißwein
- 1 Tasse Parmesan, fein gerieben & geteilt
- Meersalz und schwarzer Pfeffer nach Geschmack
- frischer Schnittlauch, gehackt zum Servieren
- Zitronenspalten zum Servieren

Richtungen:

Gib deine Brühe in einen Topf und bringe sie bei mittlerer Hitze zum Köcheln. Holen Sie sich einen Suppentopf und stellen Sie ihn ebenfalls bei mittlerer Hitze auf. Erhitze dein Öl, bevor du deine Zwiebel hinzufügst. Acht Minuten kochen und gelegentlich umrühren. Fügen Sie Ihre Gerste hinzu und kochen Sie weitere zwei Minuten. Rühren Sie Ihre Gerste ein und kochen Sie, bis sie geröstet ist.

Gießen Sie den Wein ein und kochen Sie noch eine Minute weiter. Die meiste Flüssigkeit sollte verdampft sein, bevor Sie eine Tasse warme Brühe hinzufügen. Kochen und zwei Minuten rühren. Ihre Flüssigkeit sollte absorbiert werden. Fügen Sie die restliche Brühe tassenweise hinzu und kochen Sie, bis jede Tasse absorbiert ist. Es sollte jedes Mal etwa zwei Minuten dauern.

Vom Herd nehmen, eine halbe Tasse Käse hinzufügen und mit dem restlichen Käse, Schnittlauch und Zitronenspalten belegen.

Ernährung (für 100g): 345 Kalorien 7 g Fett 56 g Kohlenhydrate 14 g Protein 912 mg Natrium

Meeresfrüchte-Avocado-Salat

Zubereitungszeit: 10 Minuten

Kochzeit : 0 Minuten

Portionen: 4

Schwierigkeitsgrad: Leicht

Zutaten:

- 2 lbs. Lachs, gekocht & gehackt
- 2 lbs. Garnelen, gekocht & gehackt
- 1 Tasse Avocado, gehackt
- 1 Tasse Mayonnaise
- 4 EL Limettensaft, frisch
- 2 Knoblauchzehen
- 1 Tasse Sauerrahm
- Meersalz und schwarzer Pfeffer nach Geschmack
- ½ rote Zwiebel, gehackt
- 1 Tasse Gurke, gehackt

Richtungen:

Beginnen Sie, indem Sie eine Schüssel herausholen und Ihren Knoblauch, Salz, Pfeffer, Zwiebel, Mayonnaise, Sauerrahm und Limettensaft vermischen.

Holen Sie eine andere Schüssel heraus und mischen Sie Lachs, Garnele, Gurke und Avocado.

Fügen Sie die Mayonnaise-Mischung zu Ihren Garnelen hinzu und lassen Sie sie vor dem Servieren zwanzig Minuten im Kühlschrank ruhen.

Ernährung (für 100g): 394 Kalorien 30 g Fett 3 g Kohlenhydrate 27 g Protein 815 mg Natrium

Mediterraner Garnelensalat

Zubereitungszeit: 40 Minuten

Kochzeit : 0 Minuten

Portionen: 6

Schwierigkeitsgrad: Leicht

Zutaten:

- 1 ½ Pfund. Garnelen, gereinigt & gekocht
- 2 Stangen Sellerie, frisch
- 1 Zwiebel
- 2 grüne Zwiebeln
- 4 Eier, gekocht
- 3 Kartoffeln, gekocht
- 3 Esslöffel Mayonnaise
- Meersalz und schwarzer Pfeffer nach Geschmack

Richtungen:

Beginnen Sie damit, Ihre Kartoffeln zu schneiden und Ihren Sellerie zu hacken. Eier in Scheiben schneiden und würzen. Alles zusammen mischen. Legen Sie Ihre Garnelen über die Eier und servieren Sie sie dann mit Zwiebeln und Frühlingszwiebeln.

Ernährung (für 100g): 207 Kalorien 6g Fett 15g Kohlenhydrate 17g Protein 664mg Natrium

Kichererbsen-Nudelsalat

Zubereitungszeit: 10 Minuten

Kochzeit : 15 Minuten

Portionen: 6

Schwierigkeitsgrad : Durchschnitt

Zutaten:

- 2 Esslöffel Olivenöl
- 16 Unzen Rotelle-Nudeln
- ½ Tasse gepökelte Oliven, gehackt
- 2 Esslöffel Oregano, frisch & gehackt
- 2 EL Petersilie, frisch & gehackt
- 1 Bund Frühlingszwiebeln, gehackt
- ¼ Tasse Rotweinessig
- 15 Unzen Kichererbsen aus der Dose, abgetropft und gespült
- ½ Tasse Parmesankäse, gerieben
- Meersalz und schwarzer Pfeffer nach Geschmack

Richtungen:

Kochen Sie Wasser und geben Sie die Nudeln al dente und folgen Sie den Anweisungen auf der Packung. Lassen Sie es ab und spülen Sie es mit kaltem Wasser aus.

Holen Sie eine Pfanne heraus und erhitzen Sie Ihr Olivenöl bei mittlerer Hitze. Fügen Sie Ihre Frühlingszwiebeln, Kichererbsen, Petersilie, Oregano und Oliven hinzu. Reduzieren Sie die Hitze und braten Sie weitere zwanzig Minuten. Lassen Sie diese Mischung abkühlen.

Werfen Sie Ihre Kichererbsenmischung mit Ihren Nudeln und fügen Sie Ihren geriebenen Käse, Salz, Pfeffer und Essig hinzu. Vor dem Servieren vier Stunden oder über Nacht abkühlen lassen.

Ernährung (für 100g): 424 Kalorien 10 g Fett 69 g Kohlenhydrate 16 g Protein 714 mg Natrium

Mediterrane Pfannengerichte

Zubereitungszeit: 10 Minuten

Kochzeit : 30 Minuten

Portionen: 4

Schwierigkeitsgrad : Durchschnitt

Zutaten:

- 2 Zucchini
- 1 Zwiebel
- ¼ Teelöffel Meersalz
- 2 Knoblauchzehen
- 3 Teelöffel Olivenöl, geteilt
- 1 Pfund Hähnchenbrust, ohne Knochen
- 1 Tasse Schnellkochgerste
- 2 Tassen Wasser
- ¼ Teelöffel schwarzer Pfeffer
- 1 Teelöffel Oregano
- ¼ Teelöffel rote Paprikaflocken
- ½ Teelöffel Basilikum
- 2 Pflaumentomaten
- ½ Tasse griechische Oliven, entkernt
- 1 Esslöffel Petersilie, frisch

Richtungen:

Beginnen Sie damit, die Haut von Ihrem Huhn zu entfernen und es dann in kleinere Stücke zu schneiden. Knoblauch und Petersilie hacken und dann Oliven, Zucchini, Tomaten und Zwiebeln hacken. Holen Sie einen Topf heraus und bringen Sie Ihr Wasser zum Kochen. Mischen Sie Ihre Gerste unter und lassen Sie sie acht bis zehn Minuten köcheln.

Hitze ausschalten. Lassen Sie es fünf Minuten ruhen. Holen Sie eine Pfanne heraus und fügen Sie zwei Teelöffel Olivenöl hinzu. Braten Sie Ihr Huhn, sobald es heiß ist, und nehmen Sie es dann vom Herd. Kochen Sie die Zwiebel in Ihrem restlichen Öl. Die restlichen Zutaten untermischen und weitere drei bis fünf Minuten kochen lassen. Warm servieren.

Ernährung (für 100g): 337 Kalorien 8,6 g Fett 32,3 g Kohlenhydrate 31,7 g Protein 517 mg Natrium

Balsamico-Gurkensalat

Zubereitungszeit: 15 Minuten

Kochzeit : 0 Minuten

Portionen: 4

Schwierigkeitsgrad: Leicht

Zutaten:

- 2/3 große englische Gurke, halbiert und in Scheiben geschnitten
- 2/3 mittelgroße rote Zwiebel, halbiert und in dünne Scheiben geschnitten
- 5 1/2 EL Balsamico-Vinaigrette
- 1 1/3 Tassen Traubentomaten, halbiert
- 1/2 Tasse zerbröckelter fettarmer Fetakäse

Richtungen:

In einer großen Schüssel Gurke, Tomaten und Zwiebel mischen. Vinaigrette hinzufügen; zum Beschichten werfen. Abgedeckt bis zum Servieren kalt stellen. Kurz vor dem Servieren den Käse unterrühren. Mit einem geschlitzten Teelöffel servieren.

Ernährung (für 100g): 250 Kalorien 12 g Fett 15 g Kohlenhydrate 34 g Protein 633 mg Natrium

Beef Kefta Patties mit Gurkensalat

Zubereitungszeit: 10 Minuten

Kochzeit : 15 Minuten

Portionen: 2

Schwierigkeitsgrad: Schwer D

Zutaten:

- Kochspray
- 1/2 Pfund Rinderfilets
- 2 Esslöffel plus 2 Esslöffel gehackte frische glatte Petersilie, geteilt
- 1 1/2 Teelöffel gehackter geschälter frischer Ingwer
- 1 Teelöffel gemahlener Koriander
- 2 Esslöffel gehackter frischer Koriander
- 1/4 Teelöffel Salz
- 1/2 Teelöffel gemahlener Kreuzkümmel
- 1/4 Teelöffel gemahlener Zimt
- 1 Tasse dünn geschnittene englische Gurken
- 1 Esslöffel Reisessig
- 1/4 Tasse fettfreier griechischer Joghurt
- 1 1/2 Teelöffel frischer Zitronensaft
- 1/4 Teelöffel frisch gemahlener schwarzer Pfeffer
- 1 (6 Zoll) Pitas, geviertelt

Richtungen:

Erwärmen Sie eine Grillpfanne bei mittlerer bis hoher Temperatur. Pfanne mit Kochspray bestreichen. Kombinieren Sie Rindfleisch, 1/4 Glas Petersilie, Koriander und die nächsten 5 Elemente in einer mittelgroßen Schüssel. Teilen Sie die Kombination in 4 gleiche Portionen und formen Sie jede zu einem 1/2-Zoll-dicken Patty. Fügen Sie Pastetchen hinzu, um zu pfannen; beide Seiten bis zum gewünschten Gargrad garen.

Gurke und Essig in einer mittelgroßen Schüssel mischen; gut werfen. Kombinieren Sie fettfreien Joghurt, die restlichen 2 Esslöffel Petersilie, Saft und Pfeffer in einer kleinen Schüssel; mit einem Schneebesen verrühren. Setzen Sie 1 Pastetchen und 1/2 Tasse Gurkenmischung auf jedes von 4 Porzellanen. Jedes Angebot mit etwa 2 Esslöffeln Joghurt-Gewürzen belegen. Jeweils mit 2 Pita-Wedges servieren.

Ernährung (für 100g): 116 Kalorien 5 g Fette 11 g Kohlenhydrate 28 g Protein 642 mg Natrium

Hähnchen-Gurken-Salat mit Petersilien-Pesto

Zubereitungszeit: 15 Minuten
Kochzeit : 5 Minuten
Portionen: 8
Schwierigkeitsgrad: Leicht

Zutaten:

- 2 2/3 Tassen verpackte frische glatte Petersilienblätter
- 1 1/3 Tassen frischer Babyspinat
- 1 1/2 Esslöffel geröstete Pinienkerne
- 1 1/2 Esslöffel geriebener Parmesankäse
- 2 1/2 Esslöffel frischer Zitronensaft
- 1 1/3 Teelöffel koscheres Salz
- 1/3 Teelöffel schwarzer Pfeffer
- 1 1/3 mittelgroße Knoblauchzehen, zerdrückt
- 2/3 Tasse natives Olivenöl extra
- 5 1/3 Tassen zerkleinertes Rotisserie-Hähnchen (von 1 Hähnchen)
- 2 2/3 Tassen gekochtes, geschältes Edamame
- 1 1/2 Dosen 1 (15-oz.) ungesalzene Kichererbsen, abgetropft und gespült
- 1 1/3 Tassen gehackte englische Gurken
- 5 1/3 Tassen Rucola lose verpackt

Richtungen:

Kombinieren Sie Petersilie, Spinat, Zitronensaft, Pinienkerne, Käse, Knoblauch, Salz und Pfeffer in der Küchenmaschine; ca. 1 Minute verarbeiten. Bei laufendem Prozessor Öl hinzufügen; Prozess bis glatt, ca. 1 Minute.

Hühnchen, Edamame, Kichererbsen und Gurke in einer großen Schüssel verrühren. Pesto hinzufügen; werfen, um zu kombinieren.

Geben Sie 2/3 Tasse Rucola in jede der 6 Schüsseln; jeweils mit 1 Tasse Hühnersalatmischung belegen. Sofort servieren.

Ernährung (für 100g): 116 Kalorien 12 g Fett 3 g Kohlenhydrate 9 g Protein 663 mg Natrium

Einfacher Rucola-Salat

Zubereitungszeit: 15 Minuten

Kochzeit : 0 Minuten

Portionen: 6

Schwierigkeitsgrad: Leicht

Zutaten:

- 6 Tassen junge Rucolablätter, gespült und getrocknet
- 1 1/2 Tassen Kirschtomaten, halbiert
- 6 Esslöffel Pinienkerne
- 3 EL Traubenkernöl oder Olivenöl
- 1 1/2 Esslöffel Reisessig
- 3/8 Teelöffel frisch gemahlener schwarzer Pfeffer nach Geschmack
- 6 EL geriebener Parmesankäse
- 3/4 TL Salz nach Geschmack
- 1 1/2 große Avocados - geschält, entkernt und in Scheiben geschnitten

Richtungen:

In eine große Plastikschüssel mit Deckel Rucola, Kirschtomaten, Pinienkernprodukte, Öl, Essig und Parmesankäse geben. Mit Salz und Pfeffer abschmecken. Abdecken und auswringen, um zu mischen.

Salat auf Porzellan verteilen und mit Avocadoscheiben belegen.

Ernährung (für 100g): 120 Kalorien 12 g Fette 14 g Kohlenhydrate 25 g Protein 736 mg Natrium

Feta Garbanzo Bohnensalat

Zubereitungszeit: 10 Minuten

Kochzeit : 0 Minuten

Portionen: 6

Schwierigkeitsgrad: Leicht

Zutaten:

- 1 1/2 Dosen (15 Unzen) Kichererbsen
- 1 1/2 Dosen (2-1/4 Unzen) in Scheiben geschnittene reife Oliven, abgetropft
- 1 1/2 mittelgroße Tomaten
- 6 Esslöffel dünn geschnittene rote Zwiebeln
- 2 1/4 Tassen 1-1/2 grob gehackte englische Gurken
- 6 EL gehackte frische Petersilie
- 4 1/2 Esslöffel Olivenöl
- 3/8 Teelöffel Salz
- 1 1/2 Esslöffel Zitronensaft
- 3/16 Teelöffel Pfeffer
- 7 1/2 Tassen gemischtes Salatgrün
- 3/4 Tasse zerbröckelter Feta-Käse

Richtungen:

Alle Zutaten in eine große Schüssel geben; werfen, um zu kombinieren. Parmesankäse hinzufügen.

Ernährung (für 100g): 140 Kalorien 16 g Fett 10 g Kohlenhydrate 24 g Protein 817 mg Natrium

Griechische Schalen aus braunem und wildem Reis

Zubereitungszeit: 15 Minuten
Kochzeit : 5 Minuten
Portionen: 4
Schwierigkeitsgrad: Leicht

Zutaten:

- 2 Packungen (8-1/2 Unzen) servierfertiges Vollkorn-Braun- und Wildreis-Medley
- 1 mittelreife Avocado, geschält und in Scheiben geschnitten
- 1 1/2 Tassen Kirschtomaten, halbiert
- 1/2 Tasse griechische Vinaigrette, geteilt
- 1/2 Tasse zerbröckelter Feta-Käse
- 1/2 Tasse entkernte griechische Oliven, in Scheiben geschnitten
- gehackte frische Petersilie, optional

Richtungen:

Mischen Sie in einer mikrowellengeeigneten Schüssel die Getreidemischung und 2 Esslöffel Vinaigrette. Abdecken und auf hoher Stufe kochen, bis sie durchgewärmt sind, etwa 2 Minuten. Auf 2 Schüsseln verteilen. Am besten mit Avocado, Tomaten-Gemüse, Käse, Oliven, Dressing-Reste und nach Belieben Petersilie.

Ernährung (für 100g): 116 Kalorien 10 g Fett 9 g Kohlenhydrate 26 g Protein 607 mg Natrium

Griechischer Abendsalat

Zubereitungszeit: 10 Minuten

Kochzeit : 0 Minuten

Portionen: 4

Schwierigkeitsgrad: Leicht

Zutaten:

- 2 1/2 Esslöffel grob gehackte frische Petersilie
- 2 Esslöffel grob gehackter frischer Dill
- 2 Teelöffel frischer Zitronensaft
- 2/3 Teelöffel getrockneter Oregano
- 2 Teelöffel natives Olivenöl extra
- 4 Tassen geriebener Römersalat
- 2/3 Tasse dünn geschnittene rote Zwiebeln
- 1/2 Tasse zerbröckelter Feta-Käse
- 2 Tassen gewürfelte Tomaten
- 2 Teelöffel Kapern
- 2/3 Gurke, geschält, längs geviertelt und in dünne Scheiben geschnitten
- 2/3 (19-Unzen) Dose Kichererbsen, abgetropft und gespült
- 4 (6 Zoll) Vollkorn-Pitas, jede in 8 Keile geschnitten

Richtungen:

Kombinieren Sie die ersten 5 Substanzen in einer großen Schüssel; mit einem Schneebesen verrühren. Fügen Sie ein Mitglied der Salatfamilie und die nächsten 6 Zutaten hinzu (Salat bis Kichererbsen); gut werfen. Mit Pita-Wedges servieren.

Ernährung (für 100g): 103 Kalorien 12 g Fett 8 g Kohlenhydrate 36 g Protein 813 mg Natrium

Heilbutt mit Zitronen-Fenchel-Salat

Zubereitungszeit: 15 Minuten

Kochzeit : 5 Minuten

Portionen: 2

Schwierigkeitsgrad : Durchschnitt

Zutaten:

- 1/2 Teelöffel gemahlener Koriander
- 1/4 Teelöffel Salz
- 1/8 Teelöffel frisch gemahlener schwarzer Pfeffer
- 2 1/2 Teelöffel natives Olivenöl extra, geteilt
- 1/4 Teelöffel gemahlener Kreuzkümmel
- 1 Knoblauchzehe, gehackt
- 2 (6 Unzen) Heilbuttfilets
- 1 Tasse Fenchelknolle
- 2 Esslöffel dünn geschnittene rote Zwiebeln
- 1 Esslöffel frischer Zitronensaft
- 1 1/2 Teelöffel gehackte glatte Petersilie
- 1/2 Teelöffel frische Thymianblätter

Richtungen:

Kombinieren Sie die ersten 4 Substanzen in einer kleinen Schüssel. Kombinieren Sie 1/2 TL Gewürzmischung, 2 Teelöffel Öl und Knoblauch in einer kleinen Schüssel; Reiben Sie die Knoblauchzehenmischung gleichmäßig über den Fisch. 1 Teelöffel Öl in einer großen beschichteten Bratpfanne bei mittlerer bis hoher Temperatur erhitzen. Fisch in die Pfanne geben; 5 Minuten auf jeder Seite oder bis zum gewünschten Gargrad garen.

Die restlichen 3/4 Teelöffel Gewürzmischung, die restlichen 2 TL Öl, die Fenchelglühbirne und die restlichen Substanzen in einer mittelgroßen Schüssel vermischen und gut schwenken. Salat mit Meeresfrüchten anrichten.

Ernährung (für 100g): 110 Kalorien 9g Fette 11g Kohlenhydrate 29g Protein 558mg Natrium

Griechischer Kräutersalat mit Hühnchen

Zubereitungszeit: 10 Minuten

Kochzeit : 10 Minuten

Portionen: 2

Schwierigkeitsgrad : Durchschnitt

Zutaten:

- 1/2 Teelöffel getrockneter Oregano
- 1/4 Teelöffel Knoblauchpulver
- 3/8 Teelöffel schwarzer Pfeffer, geteilt
- Kochspray
- 1/2 Pfund Hähnchenbrust ohne Haut, ohne Knochen, in 1-Zoll-Würfel geschnitten
- 1/4 TL Salz, geteilt
- 1/2 Tasse fettfreier Naturjoghurt
- 1 Teelöffel Tahini (Sesampaste)
- 2 1/2 TL. frischer Zitronensaft
- 1/2 Teelöffel gehackter Knoblauch in Flaschen
- 4 Tassen gehackter Römersalat
- 1/2 Tasse geschälte gehackte englische Gurken
- 1/2 Tasse Traubentomaten, halbiert
- 3 entsteinte Kalamata-Oliven, halbiert
- 2 Esslöffel (1 Unze) zerbröckelter Feta-Käse

Richtungen:

Kombinieren Sie Oregano, natürliches Knoblauchpulver, 1/2 Teelöffel Pfeffer und 1/4 TL Salz in einer Schüssel. Eine beschichtete Pfanne bei mittlerer bis hoher Hitze erhitzen. Pfanne mit Kochspray bestreichen. Geflügel-Gewürz-Kombination hinzufügen; braten, bis das Geflügel fertig ist. Mit 1 Teelöffel Saft beträufeln; rühren. Aus der Pfanne nehmen.

Kombinieren Sie die restlichen 2 Teelöffel Saft, übrig gebliebenen 1/4 Teelöffel Natrium, den restlichen 1/4 TL Pfeffer, Joghurt, Tahini und Knoblauch in einer kleinen Schüssel; gut mischen. Kombinieren Sie ein Mitglied der Salatfamilie, Gurke, Tomaten und Oliven. 2 1/2 Tassen Salatmischung auf jeden der 4 Teller geben. Bedecken Sie jede Portion mit 1/2 Tasse Hühnchenkombination und 1 Teelöffel Käse. Jede Portion mit 3 EL Joghurt-Kombination beträufeln

Ernährung (für 100g): 116 Kalorien 11 g Fett 15 g Kohlenhydrate 28 g Protein 634 mg Natrium

Griechischer Couscous-Salat

Zubereitungszeit: 10 Minuten

Kochzeit : 15 Minuten

Portionen: 10

Schwierigkeitsgrad: Leicht

Zutaten:

- 1 Dose (14-1/2 Unzen) natriumreduzierte Hühnerbrühe
- 1 1/2 Tassen 1-3/4 ungekochter Vollkorn-Couscous (ca. 11 Unzen)
- Dressing:
- 6 1/2 Esslöffel Olivenöl
- 1 1/4 Teelöffel 1-1/2 abgeriebene Zitronenschale
- 3 1/2 Esslöffel Zitronensaft
- 13/16 Teelöffel Adobo-Gewürze
- 3/16 Teelöffel Salz
- Salat:
- 1 2/3 Tassen Traubentomaten, halbiert
- 5/6 englische Gurke, längs halbiert und in Scheiben geschnitten
- 3/4 Tasse grob gehackte frische Petersilie
- 1 Dose (6-1/2 Unzen) in Scheiben geschnittene reife Oliven, abgetropft
- 6 1/2 Esslöffel zerbröckelter Feta-Käse
- 3 1/3 Frühlingszwiebeln, gehackt

Richtungen:

In einem großen Topf Brühe zum Kochen bringen. Couscous einrühren. Vom Herd nehmen; zugedeckt stehen lassen, bis die Brühe aufgesogen ist, ca. 5 Minuten. Übertragen Sie auf ein ansehnliches Gericht; komplett abkühlen.

Dressing-Substanzen zusammenschlagen. Fügen Sie Gurke, Tomatengemüse, Petersilie, Oliven und Frühlingszwiebeln zum Couscous hinzu; Dressing einrühren. Käse vorsichtig untermischen. Sofort bereitstellen oder kühl stellen und frostig servieren.

Ernährung (für 100g): 114 Kalorien 13 g Fett 18 g Kohlenhydrate 27 g Protein 811 mg Natrium

Denver Gebratenes Omelett

Zubereitungszeit: 10 Minuten

Kochzeit : 30 Minuten

Portionen: 4

Schwierigkeitsgrad : Durchschnitt

Zutaten:

- 2 Esslöffel Butter
- 1/2 Zwiebel, Hackfleisch
- 1/2 grüner Pfeffer, gehackt
- 1 Tasse gehackter gekochter Schinken
- 8 Eier
- 1/4 Tasse Milch
- 1/2 Tasse geriebener Cheddar-Käse und gemahlener schwarzer Pfeffer nach Geschmack

Richtungen:

Den Backofen auf 200 Grad C (400 Grad F) vorheizen. Eine runde Auflaufform von 10 Zoll einfetten.

Die Butter bei mittlerer Hitze schmelzen; kochen und rühren Sie Zwiebel und Pfeffer, bis sie weich sind, etwa 5 Minuten. Den Schinken einrühren und weiterkochen, bis alles 5 Minuten heiß ist.

Eier und Milch in einer großen Schüssel verquirlen. Die Mischung aus Cheddar-Käse und Schinken einrühren; Mit Salz und schwarzem Pfeffer würzen. Gießen Sie die Mischung in eine Auflaufform. Im Ofen backen, etwa 25 Minuten. Heiß servieren.

Ernährung (für 100g): 345 Kalorien 26,8 g Fett 3,6 g Kohlenhydrate 22,4 g Protein 712 mg Natrium

Wurstpfanne

Zubereitungszeit: 25 Minuten

Kochzeit : 60 Minuten

Portionen: 12

Schwierigkeitsgrad : Durchschnitt

Zutaten:

- 1 Pfund Salbei Frühstückswurst,
- 3 Tassen geriebene Kartoffeln, abgetropft und ausgepresst
- 1/4 Tasse geschmolzene Butter,
- 12 Unzen weicher geriebener Cheddar-Käse
- 1/2 Tasse Zwiebel, gerieben
- 1 (16 oz) kleiner Hüttenkäsebehälter
- 6 riesige Eier

Richtungen:

Stellen Sie den Ofen auf 190 ° C ein. Fetten Sie eine quadratische Auflaufform von 9 x 13 Zoll leicht ein.

Die Wurst in eine große Pfanne geben. Bei mittlerer Hitze glatt backen. Abgießen, zerbröseln und aufbewahren.

Die geriebenen Kartoffeln und Butter in der vorbereiteten Auflaufform mischen. Boden und Seiten der Schüssel mit der Mischung bedecken. Kombinieren Sie in einer Schüssel Wurst, Cheddar, Zwiebel, Hüttenkäse und Eier. Über die Kartoffelmasse gießen. Lass es backen.

Vor dem Servieren 5 Minuten abkühlen lassen.

Ernährung (für 100g): 355 Kalorien 26,3 g Fett 7,9 g Kohlenhydrate 21,6 g Protein 755 mg Natrium.

Gegrillte marinierte Garnelen

Zubereitungszeit: 30 Minuten

Kochzeit : 60 Minuten

Portionen: 6

Schwierigkeitsgrad: Leicht

Zutaten:

- 1 Tasse Olivenöl,
- 1/4 Tasse gehackte frische Petersilie
- 1 Zitrone, entsaftet,
- 3 Knoblauchzehen, fein gehackt
- 1 Esslöffel Tomatenpüree
- 2 Teelöffel getrockneter Oregano,
- 1 Teelöffel Salz
- 2 Esslöffel scharfe Paprikasauce
- 1 Teelöffel gemahlener schwarzer Pfeffer,
- 2 Pfund Garnelen, geschält und von Schwänzen befreit

Richtungen:

Olivenöl, Petersilie, Zitronensaft, scharfe Sauce, Knoblauch, Tomatenpüree, Oregano, Salz und schwarzen Pfeffer in einer Schüssel vermischen. Reservieren Sie eine kleine Menge zum Besaiten später. Füllen Sie den großen, wiederverschließbaren Plastikbeutel mit Marinade und Garnelen. Schließen und 2 Stunden kalt stellen.

Den Grill bei mittlerer Hitze vorheizen. Garnelen auf Spieße stecken, einmal am Schwanz und einmal am Kopf stechen. Entsorgen Sie die Marinade.

Den Grill leicht einölen. Die Garnelen 5 Minuten auf jeder Seite kochen oder bis sie undurchsichtig sind, oft mit der reservierten Marinade begießen.

Ernährung (für 100g): 447 Kalorien 37,5 g Fett 3,7 g Kohlenhydrate 25,3 g Protein 800 mg Natrium

Wurst-Ei-Auflauf

Zubereitungszeit: 20 Minuten

Kochzeit : 1 Stunde 10 Minuten

Portionen: 12

Schwierigkeitsgrad : Durchschnitt

Zutaten:

- 3/4 Pfund fein gehackte Schweinewurst
- 1 Esslöffel Butter
- 4 Frühlingszwiebeln, Hackfleisch
- 1/2 Pfund frische Champignons
- 10 Eier, geschlagen
- 1 Behälter (16 Gramm) fettarmer Hüttenkäse
- 1 Pfund Monterey Jack Cheese, gerieben
- 2 Dosen grüne Paprika gewürfelt, abgetropft
- 1 Tasse Mehl, 1 Teelöffel Backpulver
- 1/2 Teelöffel Salz
- 1/3 Tasse geschmolzene Butter

Richtungen:

Wurst in eine Pfanne geben. Bei mittlerer Hitze glatt backen. Abgießen und beiseite stellen. Die Butter in einer Pfanne schmelzen, die Frühlingszwiebeln und Champignons anbraten und rühren, bis sie weich sind.

Kombinieren Sie Eier, Hüttenkäse, Monterey-Jack-Käse und Paprika in einer großen Schüssel. Würstchen, Frühlingszwiebeln und Champignons einrühren. Abdecken und die Nacht im Kühlschrank verbringen.

Stellen Sie den Ofen auf 175 ° C (350 ° F) ein. Eine helle Auflaufform von 9 x 13 Zoll einfetten.

Mehl, Backpulver und Salz in eine Schüssel sieben. Die geschmolzene Butter einrühren. Mehlmischung in die Eimischung einarbeiten. In die vorbereitete Auflaufform gießen. Backen, bis sie leicht gebräunt sind. Vor dem Servieren 10 Minuten stehen lassen.

Ernährung (für 100g): 408 Kalorien 28,7 g Fett 12,4 g Kohlenhydrate 25,2 g Protein 1095 mg Natrium

Gebackene Omelett-Quadrate

Zubereitungszeit: 15 Minuten

Kochzeit : 30 Minuten

Portionen: 8

Schwierigkeitsgrad: Leicht

Zutaten:

- 1/4 Tasse Butter
- 1 kleine Zwiebel, Hackfleisch
- 1 1/2 Tassen geriebener Cheddar-Käse
- 1 Dose geschnittene Champignons
- 1 Dose schwarze Oliven gekochter Schinken (optional)
- geschnittene Jalapenopfeffer (optional)
- 12 Eier, Rührei
- 1/2 Tasse Milch
- Salz und Pfeffer nach Geschmack

Richtungen:

Bereiten Sie den Ofen auf 205 ° C (400 ° F) vor. Eine 9 x 13-Zoll-Auflaufform einfetten.

Die Butter in einer Pfanne bei mittlerer Hitze anbraten und die Zwiebel garen, bis sie fertig ist.

Legen Sie den Cheddar-Käse auf den Boden der vorbereiteten Auflaufform. Mit Champignons, Oliven, Röstzwiebeln, Schinken und Jalapenopfeffer belegen. Die Eier in einer Schüssel mit Milch,

Salz und Pfeffer verrühren. Die Eimasse über die Zutaten gießen, aber nicht vermischen.

Im offenen und vorgeheizten Backofen backen, bis in der Mitte keine Flüssigkeit mehr fließt und oben hellbraun ist. Etwas abkühlen lassen, dann in Quadrate schneiden und servieren.

Ernährung (für 100g): 344 Kalorien 27,3 g Fett 7,2 g Kohlenhydrate 17,9 g Protein 1087 mg Natrium

Hartgekochtes Ei

Vorbereitungszeit: 5 Minuten

Kochzeit : 15 Minuten

Portionen: 8

Schwierigkeitsgrad: Leicht

Zutaten:

- 1 Esslöffel Salz
- 1/4 Tasse destillierter weißer Essig
- 6 Tassen Wasser
- 8 Eier

Richtungen:

Salz, Essig und Wasser in einen großen Topf geben und bei starker Hitze zum Kochen bringen. Rühren Sie die Eier nacheinander unter und achten Sie darauf, dass sie nicht zerteilt werden. Reduzieren Sie die Hitze und kochen Sie bei schwacher Hitze und kochen Sie für 14 Minuten.

Ziehen Sie die Eier aus dem heißen Wasser und legen Sie sie in einen mit Eiswasser oder kaltem Wasser gefüllten Behälter. Vollständig abkühlen lassen, etwa 15 Minuten.

Ernährung (für 100g): 72 Kalorien 5 g Fett 0,4 g Kohlenhydrate 6,3 g Protein 947 mg Natrium

Champignons mit Sojasaucenglasur

Vorbereitungszeit: 5 Minuten

Kochzeit : 10 Minuten

Portionen: 2

Schwierigkeitsgrad : Durchschnitt

Zutaten:

- 2 Esslöffel Butter
- 1 (8 Unzen) Packung geschnittene weiße Champignons
- 2 Knoblauchzehen, gehackt
- 2 Teelöffel Sojasauce
- gemahlener schwarzer Pfeffer nach Geschmack

Richtungen:

Die Butter in einer Pfanne bei mittlerer Hitze kochen; die Pilze einrühren; kochen und rühren, bis die Pilze weich sind und ca. 5 Minuten freigegeben werden. Knoblauch einrühren; weiterkochen und 1 Minute rühren. Gießen Sie die Sojasauce; Die Champignons in der Sojasauce kochen, bis die Flüssigkeit verdampft ist, ca. 4 Minuten.

Ernährung (für 100g): 135 Kalorien 11,9 g Fett 5,4 g Kohlenhydrate

Peperoni-Eier

Zubereitungszeit: 10 Minuten

Kochzeit : 20 Minuten

Portionen: 2

Schwierigkeitsgrad : Durchschnitt

Zutaten:

- 1 Tasse Ei-Ersatz
- 1 Ei
- 3 Frühlingszwiebeln, Hackfleisch
- 8 Scheiben Peperoni, gewürfelt
- 1/2 Teelöffel Knoblauchpulver
- 1 Teelöffel geschmolzene Butter
- 1/4 Tasse geriebener Romano-Käse
- Salz und gemahlener schwarzer Pfeffer nach Geschmack

Richtungen:

Den Ei-Ersatz, das Ei, die Frühlingszwiebeln, die Peperonischeiben und das Knoblauchpulver in einer Schüssel vermischen.

Die Butter in einer beschichteten Bratpfanne bei schwacher Hitze kochen; Fügen Sie die Eiermischung hinzu, verschließen Sie die Pfanne und kochen Sie 10 bis 15 Minuten. Romanos Eier bestreuen und mit Salz und Pfeffer würzen.

Ernährung (für 100g): 266 Kalorien 16,2 g Fett 3,7 g Kohlenhydrate 25,3 g Protein 586 mg Natrium

Eierkuchen

Zubereitungszeit: 15 Minuten

Kochzeit : 20 Minuten

Portionen: 6

Schwierigkeitsgrad : Durchschnitt

Zutaten:

- 1 Packung Speck (12 Unzen)
- 6 Eier
- 2 Esslöffel Milch
- 1/4 Teelöffel Salz
- 1/4 Teelöffel gemahlener schwarzer Pfeffer
- 1 c. Geschmolzene Butter
- 1/4 Teelöffel. Getrocknete Petersilie
- 1/2 Tasse Schinken
- 1/4 Tasse Mozzarella-Käse
- 6 Scheiben Gouda

Richtungen:

Bereiten Sie den Ofen auf 175 ° C (350 ° F) vor. Speck bei mittlerer Hitze braten, bis er anfängt braun zu werden. Die Speckscheiben mit Küchenpapier trocknen.

Legen Sie die Speckscheiben in die 6 Tassen der antihaftbeschichteten Muffinform. Den restlichen Speck in Scheiben schneiden und auf den Boden jeder Tasse legen.

Eier, Milch, Butter, Petersilie, Salz und Pfeffer vermischen. Schinken und Mozzarella dazugeben.

Füllen Sie die Tassen mit der Eimischung; mit Gouda-Käse garnieren.

Im vorgeheizten Ofen backen, bis der Gouda-Käse geschmolzen ist und die Eier etwa 15 Minuten weich sind.

Ernährung (für 100g): 310 Kalorien 22,9 g Fett 2,1 g Kohlenhydrate 23,1 g Protein 988 mg Natrium.

Dinosaurier-Eier

Zubereitungszeit: 20 Minuten

Kochzeit : 15 Minuten

Portionen: 4

Schwierigkeitsgrad: Schwer D

Zutaten:

- Senfsoße:
- 1/4 Tasse grober Senf
- 1/4 Tasse griechischer Joghurt
- 1 Teelöffel Knoblauchpulver
- 1 Prise Cayennepfeffer
- Eier:
- 2 geschlagene Eier
- 2 Tassen Kartoffelpüree
- 4 gekochte Eier, geschält
- 1 Dose (15 oz) HORMEL® Mary Kitchen® Rinderhackfleisch fein gehackt Dose
- 2 Liter Pflanzenöl zum Braten

Richtungen:

Kombinieren Sie den altmodischen Senf, den griechischen Joghurt, das Knoblauchpulver und den Cayennepfeffer in einer kleinen Schüssel zu einer glatten Masse.

Übertragen Sie die 2 geschlagenen Eier in eine flache Schüssel; Die Kartoffelflocken in eine separate flache Schüssel geben.

Das Hackfleisch in 4 Portionen aufteilen. Um jedes Ei herum gesalzenes Rindfleisch formen, bis es vollständig eingewickelt ist.

Die eingewickelten Eier im geschlagenen Ei einweichen und mit Kartoffelpüree bestreichen, bis sie bedeckt sind.

Füllen Sie das Öl in einen großen Topf und erhitzen Sie es auf 190 ° C (375 ° F).

2 Eier in das heiße Öl geben und 3 bis 5 Minuten backen, bis sie braun sind. Mit einem Tropfen Löffel herausnehmen und auf einen mit Küchenpapier ausgelegten Teller legen. Wiederholen Sie dies mit den restlichen 2 Eiern.

Der Länge nach aufschneiden und mit einer Senfsauce servieren.

Ernährung (für 100g): 784 Kalorien 63,2 g Fett 34 g Kohlenhydrate

Dill-Tomaten-Frittata

Zubereitungszeit: 10 Minuten

Kochzeit : 35 Minuten

Portionen: 6

Schwierigkeitsgrad : Durchschnitt

Zutaten:

- Pfeffer und Salz nach Geschmack
- 1 Teelöffel rote Paprikaflocken
- 2 Knoblauchzehen, gehackt
- ½ Tasse zerbröckelter Ziegenkäse – optional
- 2 EL frischer Schnittlauch, gehackt
- 2 Esslöffel frischer Dill, gehackt
- 4 Tomaten, gewürfelt
- 8 Eier, verquirlt
- 1 Teelöffel Kokosöl

Richtungen:

Eine runde 9-Zoll-Backform einfetten und den Backofen auf 325 ° F vorheizen.

In einer großen Schüssel alle Zutaten gut vermischen und in die vorbereitete Pfanne geben.

In den Ofen legen und backen, bis die Mitte etwa 30-35 Minuten durchgegart ist.

Aus dem Ofen nehmen und mit mehr Schnittlauch und Dill garnieren.

Ernährung (für 100g): 149 Kalorien 10,28 g Fett 9,93 g Kohlenhydrate 13,26 g Protein 523 mg Natrium

Paleo Mandel-Bananen-Pfannkuchen

Zubereitungszeit: 10 Minuten

Kochzeit : 10 Minuten

Portionen: 3

Schwierigkeitsgrad : Durchschnitt

Zutaten:

- ¼ Tasse Mandelmehl
- ½ Teelöffel gemahlener Zimt
- 3 Eier
- 1 Banane, püriert
- 1 Esslöffel Mandelbutter
- 1 Teelöffel Vanilleextrakt
- 1 Teelöffel Olivenöl
- Geschnittene Banane zum Servieren

Richtungen:

Eier in einer Schüssel schaumig schlagen. In einer anderen Schüssel die Banane mit einer Gabel zerdrücken und zur Eimasse geben. Vanille, Mandelbutter, Zimt und Mandelmehl hinzufügen. Zu einem glatten Teig verrühren. Olivenöl in einer Pfanne erhitzen. Fügen Sie einen Löffel Teig hinzu und braten Sie sie auf beiden Seiten.

Fahren Sie mit diesen Schritten fort, bis Sie mit dem gesamten Teig fertig sind.

Vor dem Servieren etwas Bananenscheiben darüber geben.

Ernährung (für 100g): 306 Kalorien 26 g Fett 3,6 g Kohlenhydrate 14,4 g Protein 588 mg Natrium

Zucchini mit Ei

Vorbereitungszeit: 5 Minuten

Kochzeit : 10 Minuten

Portionen: 2

Schwierigkeitsgrad: Leicht

Zutaten:

- 1 1/2 Esslöffel Olivenöl
- 2 große Zucchini, in große Stücke geschnitten
- Salz und gemahlener schwarzer Pfeffer nach Geschmack
- 2 große Eier
- 1 Teelöffel Wasser, oder nach Belieben

Richtungen:

Das Öl in einer Pfanne bei mittlerer Hitze kochen; sautieren Sie Zucchini, bis sie weich sind, ungefähr 10 Minuten. Die Zucchini gut würzen.

Die Eier mit einer Gabel in eine Schüssel schlagen. Wasser einfüllen und schlagen, bis alles gut vermischt ist. Gießen Sie die Eier über die Zucchini; kochen und rühren, bis Rührei und kein Fließen mehr, ca. 5 Minuten. Zucchini und Eier gut würzen.

Ernährung (für 100g): 213 Kalorien 15,7 g Fett 11,2 g Kohlenhydrate 10,2 g Protein 180 mg Natrium

Käsiger Amish-Frühstücksauflauf

Zubereitungszeit: 10 Minuten

Kochzeit : 50 Minuten

Portionen: 12

Schwierigkeitsgrad: Leicht

Zutaten:

- 1 Pfund geschnittener Speck, gewürfelt,
- 1 süße Zwiebel, Hackfleisch
- 4 Tassen geriebene und gefrorene Kartoffeln, aufgetaut
- 9 leicht geschlagene Eier
- 2 Tassen geriebener Cheddar-Käse
- 1 1/2 Tasse Hüttenkäse
- 1 1/4 Tassen geriebener Schweizer Käse

Richtungen:

Den Backofen auf 175 °C (350 °F) vorheizen. Eine 9 x 13-Zoll-Auflaufform einfetten.

Erwärmen Sie eine große Bratpfanne bei mittlerer Hitze; Kochen und rühren Sie den Speck und die Zwiebel, bis der Speck etwa 10 Minuten gleichmäßig gebräunt ist. Ablassen. Kartoffeln, Eier, Cheddar-Käse, Hüttenkäse und Schweizer Käse einrühren. Füllen Sie die Mischung in eine vorbereitete Auflaufform.

Im Ofen backen, bis die Eier gar sind und der Käse 45 bis 50 Minuten geschmolzen ist. Vor dem Schneiden und Servieren 10 Minuten ruhen lassen.

Ernährung (für 100g): 314 Kalorien 22,8 g Fett 12,1 g Kohlenhydrate 21,7 g Protein 609 mg Natrium

Salat mit Roquefort-Käse

Zubereitungszeit: 20 Minuten

Kochzeit : 25 Minuten

Portionen: 6

Schwierigkeitsgrad: Leicht

Zutaten:

- 1 Blatt Salat, in mundgerechte Stücke gerissen
- 3 Birnen - geschält, ohne Kern und in Stücke geschnitten
- 5 Unzen Roquefort-Käse, zerbröckelt
- 1/2 Tasse gehackte Frühlingszwiebeln
- 1 Avocado – geschält, entkernt und gewürfelt
- 1/4 Tasse weißer Zucker
- 1/2 Tasse Pekannüsse
- 1 1/2 Teelöffel weißer Zucker
- 1/3 Tasse Olivenöl,
- 3 Esslöffel Rotweinessig,
- 1 1/2 Teelöffel zubereiteter Senf,
- 1 gehackte Knoblauchzehe,
- 1/2 Teelöffel gemahlener frischer schwarzer Pfeffer

Richtungen:

Fügen Sie 1/4 Tasse Zucker mit den Pekannüssen in einer Pfanne bei mittlerer Hitze hinzu. Weiter vorsichtig rühren, bis der Zucker mit den Pekannüssen geschmolzen ist. Legen Sie die Nüsse vorsichtig auf Wachspapier. Beiseite stellen und in Stücke brechen.

Kombination für Vinaigretteöl, Essig, 1 1/2 Teelöffel Zucker, Senf, gehackter Knoblauch, Salz und Pfeffer.

In einer großen Schüssel Salat, Birnen, Blauschimmelkäse, Avocado und Frühlingszwiebeln mischen. Die Vinaigrette über den Salat gießen, mit Pekannüssen belegt und servieren.

Ernährung (für 100g): 426 Kalorien 31,6 g Fett 33,1 g Kohlenhydrate 8 g Protein 654 mg Natrium

Reis mit Fadennudeln

Vorbereitungszeit: 5 Minuten

Kochzeit : 45 Minuten

Portionen: 6

Schwierigkeitsgrad: Leicht

Zutaten:

- 2 Tassen Rundkornreis
- 3½ Tassen Wasser, plus mehr zum Spülen und Einweichen des Reis
- ¼ Tasse Olivenöl
- 1 Tasse gebrochene Fadennudeln
- Salz

Richtungen:

Den Reis unter kaltem Wasser einweichen, bis das Wasser sauber bleibt. Den Reis in eine Schüssel geben, mit Wasser bedecken und 10 Minuten einweichen lassen. Abgießen und beiseite stellen. Das Olivenöl in einem mittelgroßen Topf bei mittlerer Hitze kochen.

Die Fadennudeln einrühren und 2 bis 3 Minuten unter ständigem Rühren goldbraun braten.

Den Reis dazugeben und 1 Minute unter Rühren kochen, damit der Reis gut mit dem Öl bedeckt ist. Wasser und eine Prise Salz einrühren und die Flüssigkeit zum Kochen bringen. Hitze regulieren und 20 Minuten köcheln lassen. Vom Herd nehmen und 10 Minuten ruhen lassen. Mit einer Gabel auflockern und servieren.

Ernährung (für 100g): 346 Kalorien 9 g Gesamtfett 60 g Kohlenhydrate 2 g Protein 0,9 mg Natrium

Favabohnen und Reis

Zubereitungszeit: 10 Minuten

Kochzeit : 35 Minuten

Portionen: 4

Schwierigkeitsgrad: Leicht

Zutaten:

- ¼ Tasse Olivenöl
- 4 Tassen frische Favabohnen, geschält
- 4½ Tassen Wasser, plus mehr zum Beträufeln
- 2 Tassen Basmatireis
- 1/8 Teelöffel Salz
- 1/8 Teelöffel frisch gemahlener schwarzer Pfeffer
- 2 EL Pinienkerne, geröstet
- ½ Tasse gehackter frischer Knoblauch-Schnittlauch oder frischer Zwiebel-Schnittlauch

Richtungen:

Füllen Sie die Saucenpfanne mit Olivenöl und kochen Sie bei mittlerer Hitze. Fügen Sie die Favabohnen hinzu und beträufeln Sie sie mit etwas Wasser, um ein Anbrennen oder Ankleben zu vermeiden. 10 Minuten kochen.

Reis vorsichtig einrühren. Fügen Sie Wasser, Salz und Pfeffer hinzu. Stellen Sie die Hitze ein und kochen Sie die Mischung. Stellen Sie die Hitze ein und lassen Sie es 15 Minuten köcheln.

Vom Herd nehmen und vor dem Servieren 10 Minuten ruhen lassen. Auf eine Servierplatte geben und mit den gerösteten Pinienkernen und Schnittlauch bestreuen.

Ernährung (für 100g): 587 Kalorien 17 g Gesamtfett 97 g Kohlenhydrate 2 g Protein 0,6 mg Natrium

Gebutterte Favabohnen

Zubereitungszeit: 30 Minuten

Kochzeit : 15 Minuten

Portionen: 4

Schwierigkeitsgrad: Leicht

Zutaten:

- ½ Tasse Gemüsebrühe
- 4 Pfund Favabohnen, geschält
- ¼ Tasse frischer Estragon, geteilt
- 1 Teelöffel gehackter frischer Thymian
- ¼ Teelöffel frisch gemahlener schwarzer Pfeffer
- 1/8 Teelöffel Salz
- 2 Esslöffel Butter
- 1 Knoblauchzehe, gehackt
- 2 Esslöffel gehackte frische Petersilie

Richtungen:

Gemüsebrühe in einer flachen Pfanne bei mittlerer Hitze aufkochen. Favabohnen, 2 Esslöffel Estragon, Thymian, Pfeffer und Salz hinzufügen. Kochen, bis die Brühe fast aufgesogen ist und die Bohnen zart sind.

Butter, Knoblauch und die restlichen 2 Esslöffel Estragon unterrühren. 2 bis 3 Minuten kochen. Mit Petersilie bestreuen und heiß servieren.

Ernährung (für 100g): 458 Kalorien 9 g Fett 81 g Kohlenhydrate 37 g Protein 691 mg Natrium

Freekeh

Zubereitungszeit: 10 Minuten

Kochzeit : 40 Minuten

Portionen: 4

Schwierigkeitsgrad: Leicht

Zutaten:

- 4 Esslöffel Ghee
- 1 Zwiebel, gehackt
- 3½ Tassen Gemüsebrühe
- 1 Teelöffel gemahlener Piment
- 2 Tassen Freekeh
- 2 EL Pinienkerne, geröstet

Richtungen:

Ghee in einem Topf mit schwerem Boden bei mittlerer Hitze schmelzen. Zwiebel einrühren und unter ständigem Rühren ca. 5 Minuten braten, bis die Zwiebel goldbraun ist. Mit Gemüsebrühe aufgießen, Piment dazugeben und aufkochen. Freekeh einrühren und die Mischung zum Kochen bringen. Hitze regulieren und 30 Minuten köcheln lassen, gelegentlich umrühren. Das Freekeh in eine Servierschüssel geben und mit den gerösteten Pinienkernen bestreuen.

Ernährung (für 100g): 459 Kalorien 18 g Fett 64 g Kohlenhydrate 10 g Protein 692 mg Natrium

Gebratene Reisbällchen mit Tomatensauce

Zubereitungszeit: 15 Minuten

Kochzeit : 20 Minuten

Portionen: 8

Schwierigkeitsgrad: Schwer D

Zutaten:

- 1 Tasse Semmelbrösel
- 2 Tassen gekochtes Risotto
- 2 große Eier, geteilt
- ¼ Tasse frisch geriebener Parmesankäse
- 8 frische Baby-Mozzarella-Kugeln oder 1 (4 Zoll) frischer Mozzarella-Block, in 8 Stücke geschnitten
- 2 Esslöffel Wasser
- 1 Tasse Maisöl
- 1 Tasse Basis Tomaten-Basilikumsauce oder im Laden gekauft

Richtungen:

Die Semmelbrösel in eine kleine Schüssel geben und beiseite stellen. In einer mittelgroßen Schüssel das Risotto, 1 Ei und den Parmesan gut verrühren. Die Risotto-Mischung in 8 Stücke teilen. Legen Sie sie auf eine saubere Arbeitsfläche und glätten Sie jedes Stück.

Auf jede abgeflachte Reisscheibe 1 Mozzarellakugel legen. Den Reis um den Mozzarella zu einer Kugel schließen. Wiederholen Sie dies, bis Sie alle Kugeln fertig haben. In der gleichen mittelgroßen, jetzt leeren Schüssel das restliche Ei und das Wasser verquirlen. Tauchen Sie jede vorbereitete Risottokugel in die Eierspülung und rollen Sie sie in den Semmelbröseln. Beiseite legen.

Maisöl in einer Pfanne bei starker Hitze anbraten. Die Risottokugeln vorsichtig in das heiße Öl geben und 5 bis 8 Minuten goldbraun braten. Rühren Sie sie nach Bedarf um, um sicherzustellen, dass die gesamte Oberfläche gebraten ist. Mit einem Schaumlöffel die frittierten Kugeln zum Abtropfen auf Küchenpapier legen.

Die Tomatensauce in einem mittelgroßen Topf bei mittlerer Hitze 5 Minuten erwärmen, gelegentlich umrühren und die warme Sauce neben den Reisbällchen servieren.

Ernährung (für 100g): 255 Kalorien 15g Fett 16g Kohlenhydrate 2g Protein 669mg Natrium

Reis nach spanischer Art

Zubereitungszeit: 10 Minuten

Kochzeit : 35 Minuten

Portionen: 4

Schwierigkeitsgrad : Durchschnitt

Zutaten:

- ¼ Tasse Olivenöl
- 1 kleine Zwiebel, fein gehackt
- 1 rote Paprika, entkernt und gewürfelt
- 1½ Tassen weißer Reis
- 1 Teelöffel süßer Paprika
- ½ Teelöffel gemahlener Kreuzkümmel
- ½ Teelöffel gemahlener Koriander
- 1 Knoblauchzehe, gehackt
- 3 Esslöffel Tomatenmark
- 3 Tassen Gemüsebrühe
- 1/8 Teelöffel Salz

Richtungen:

Das Olivenöl in einer großen Pfanne mit schwerem Boden bei mittlerer Hitze anbraten. Zwiebel und rote Paprika unterrühren. 5 Minuten kochen oder bis sie weich sind. Reis, Paprika, Kreuzkümmel und Koriander hinzufügen und 2 Minuten kochen lassen, dabei oft umrühren.

Knoblauch, Tomatenmark, Gemüsebrühe und Salz hinzufügen. Gut umrühren und nach Bedarf würzen. Lassen Sie die Mischung aufkochen. Hitze reduzieren und 20 Minuten köcheln lassen.

Vor dem Servieren 5 Minuten beiseite stellen.

Ernährung (für 100g): 414 Kalorien 14 g Fett 63 g Kohlenhydrate 2 g Protein 664 mg Natrium

Zucchini mit Reis und Tzatziki

Zubereitungszeit: 20 Minuten

Kochzeit : 35 Minuten

Portionen: 4

Schwierigkeitsgrad : Durchschnitt

Zutaten:

- ¼ Tasse Olivenöl
- 1 Zwiebel, gehackt
- 3 Zucchini, gewürfelt
- 1 Tasse Gemüsebrühe
- ½ Tasse gehackter frischer Dill
- Salz
- Frisch gemahlener schwarzer Pfeffer
- 1 Tasse Kurzkornreis
- 2 Esslöffel Pinienkerne
- 1 Tasse Tzatziki-Sauce, Naturjoghurt oder im Laden gekauft

Richtungen:

Öl in einem Topf mit schwerem Boden bei mittlerer Hitze kochen. Zwiebel einrühren, Hitze auf mittlere bis niedrige Stufe stellen und 5 Minuten anbraten. Zucchini untermischen und weitere 2 Minuten kochen.

Gemüsebrühe und Dill einrühren und mit Salz und Pfeffer würzen. Erhöhe die Hitze auf mittlere Stufe und bringe die Mischung zum Kochen.

Reis einrühren und die Mischung wieder zum Kochen bringen. Stellen Sie die Hitze auf sehr niedrig, decken Sie den Topf ab und kochen Sie 15 Minuten lang. Vom Herd nehmen und 10 Minuten beiseite stellen. Den Reis auf eine Servierplatte geben, mit Pinienkernen bestreuen und mit Tzatziki-Sauce servieren.

Ernährung (für 100g): 414 Kalorien 17 g Fett 57 g Kohlenhydrate 5 g Protein 591 mg Natrium

Cannellini-Bohnen mit Rosmarin und Knoblauch-Aioli

Zubereitungszeit: 10 Minuten

Kochzeit : 10 Minuten

Portionen: 4

Schwierigkeitsgrad: Leicht

Zutaten:

- 4 Tassen gekochte Cannellini-Bohnen
- 4 Tassen Wasser
- ½ Teelöffel Salz
- 3 Esslöffel Olivenöl
- 2 EL gehackter frischer Rosmarin
- ½ Tasse Knoblauch-Aioli
- ¼ Teelöffel frisch gemahlener schwarzer Pfeffer

Richtungen:

Cannellini-Bohnen, Wasser und Salz in einem mittelgroßen Topf bei mittlerer Hitze mischen. Zum Kochen bringen. 5 Minuten kochen. Ablassen. Das Olivenöl in einer Pfanne bei mittlerer Hitze anbraten.

Fügen Sie die Bohnen hinzu. Rosmarin und Aioli unterrühren. Stellen Sie die Hitze auf mittel-niedrig und kochen Sie unter Rühren, nur um durchzuheizen. Mit Pfeffer würzen und servieren.

Ernährung (für 100g): 545 Kalorien 36 g Fett 42 g Kohlenhydrate 14 g Protein 608 mg Natrium

www.ingramcontent.com/pod-product-compliance
Lightning Source LLC
Chambersburg PA
CBHW071816080526
44589CB00012B/807